编委会

主　　任：罗小云

副 主 任：黄加文　龚建平　黄文辉　汪立夏
　　　　　姜　辉　鲁　伟　罗　华　毛保国

编写组

组　　长：董圣鸿

执行组长：王敬群

成　　员：曾晓青　路梦瑶　刘　武　涂　嵩
　　　　　王梦烨

"每天学点心理学"丛书

特殊人群心理健康
知识手册

《"每天学点心理学"丛书》编写组
编著

江西教育出版社
JIANGXI EDUCATION PUBLISHING HOUSE

·南 昌·

赣版权登字-02-2024-426
版权所有 侵权必究

图书在版编目（CIP）数据

特殊人群心理健康知识手册 / "每天学点心理学"丛书编写组编著. -- 南昌：江西教育出版社, 2024. 12. -- (每天学点心理学). -- ISBN 978-7-5705-4502-5

Ⅰ. B84

中国国家版本馆CIP数据核字第2024SZ7479号

特殊人群心理健康知识手册
TESHU RENQUN XINLI JIANKANG ZHISHI SHOUCE

《"每天学点心理学"丛书》编写组　编著

江西教育出版社出版
（南昌市学府大道299号　邮编：330038）

各地新华书店经销
江西千叶彩印有限公司印刷
787毫米×1092毫米　　16开本　　12印张　　208千字
2024年12月第1版　　2024年12月第1次印刷

ISBN 978-7-5705-4502-5
定价：30.00元

赣教版图书如有印装质量问题，请向我社调换　电话：0791-86710427
总编室电话：0791-86705643　　编辑部电话：0791-86700573
投稿邮箱：JXJYCBS@163.com　　网址：http://www.jxeph.com

序

国家强盛需要健康而强大的国民心态。提升全民心理健康素养，是推进健康中国建设、平安中国建设和精神文明建设的重大时代课题。党的二十大以来，党和国家对心理健康事业作出一系列战略部署，强调要重视心理健康和精神卫生工作，并将其摆在经济社会发展大局的重要位置来谋划推进。

学习、掌握科学的心理健康知识，成为广大人民群众愈加强烈的意愿。生活中，人们经常面对各类心理问题，却不知如何应对与化解。诸如，"经常心情不佳，要如何处理？""孩子有厌学情绪，怎么办？""婆媳关系难处理，怎么解决？""职场'内卷'压力大，该如何化解？"……面对这些心理困惑，一套贴近民众生活的心理健康知识手册，有助于廓清心灵迷雾、洞察现象本质、找寻应对良方。

人民的需求就是工作的努力方向。江西省平安建设领导小组办公室联合江西师范大学，组织江西省社会心理服务体系建设研究中心专家和高校学者，精心编写了这套共10册的"每天学点心理学"丛书，涉及婴幼儿、小学生、初中生、高中生、大学生、教师、中老年人等多个群体。丛书编写始终坚持科学严谨、实用易懂的导向，每本书都精心挑选了各群体日常生活中可能面临的典型心理健康问题，运用专业理论知识分析阐释，让读者能够轻松理解和运用相关知识，一定程度上帮助读者解决问题、改善心理状态；同时，这套丛书也为从事心理健康工作的人员提供了实用的辅导读本，增强他们从事心理工作的实际本领，培育自尊自信、理性平和、积极向上的社会心态。

坚持"每天学点心理学"，阳光快乐每一天！

《"每天学点心理学"丛书》编写组

前言

服刑人员、戒毒人员、精神病人、艾滋病患者等特殊人群，是需要给予特殊关心帮助的人群。做好对特殊人群的帮教、安置、救治、管理工作，是社会治理的一项重要内容，关系社会长治久安。不同类型特殊人群具有不同的特点，在帮扶、教育过程坚持分类施策、因人施教，更能取得相应的成效。总体上来看，心理疏导是关键所在，其中如何帮助戒毒人员摆脱毒瘾，特别是心瘾已成为当前国际禁毒工作面临的一个突出问题。为此，本手册虽然在题目上定为"特殊人群心理健康知识手册"，但里面的内容仅涉及戒毒人员（包括强制隔离戒毒、自愿戒毒、社区戒毒和社区康复人员）这一特殊人群。

毒品成瘾作为一种精神障碍，从首次吸食到戒断、复吸、再戒断的全过程都与心理学有着密切的关系。

首先，初次吸毒者有着与普通人不同的心理特点。越来越多的研究发现，沾染毒品的人除认同享乐主义亚文化、精神空虚、生活方式不良、结交不良同伴等外，通常在心理上具有一些特定的相同点，如好奇、从众、叛逆、逃避现实、冲动等，而且吸毒者往往三观认同错位，其心理健康水平比正常健康人群更低。有报告指出，同伴吸毒和毒品的易获得性等都是精神药物滥用的风险因素。

其次，毒品成瘾的过程具有典型的心理学特征。毒品成瘾是一种慢性复发性脑部疾病，其核心特征是强迫性药物使用，即成瘾者失去了对药物渴求的控制。吸毒成瘾的形成是从偶尔使用药物发展到不可控制地使用药物的过程，伴随着吸毒者学习、记忆功能的改变。大量研究表明，毒品成瘾是一种特殊的病理性学习、记忆过程，从心理学角度看，这是一个条件反射形成并不断得到强化的过程。在刚开始吸毒时，毒友、吸毒环境、吸毒工具等（被称为无关刺激）与欣快感还没有任何联系，但当规律性吸毒后，由于上述无关刺激与吸毒时产生的欣快感不断同时出现，吸毒后的欣快感作为一种奖赏刺激激活大脑奖赏系统，吸毒者会将毒品与上述线索建立起联系，于是吸毒者再接触到无关刺激时，就会对吸毒产生期待和渴求。随着反复的强化，条件反射就形成并建立起来了。于是，吸毒者已经由过去的"被动吸毒""可吸可不吸"转变成"主动寻吸""主动找吸""非吸不可"，彻底沦为毒品的奴隶。

再次，《疾病与有关健康问题的国际统计分类》（ICD-11）将毒品成瘾纳入到物质使用成瘾行为中，认为物质使用成瘾行为属于精神行为障碍，一般在使用占主导地位的精神活性物质（包括药物）后出现，或在反复尝试某特定的奖励或强化的行为后出现。这一界定表明心理上的奖励或强化在毒品成瘾进程中起到了关键作用。学术界普遍认可毒品成瘾是慢性的、易复发的，具有特征性戒断症状、脑功能受损、强烈心理渴求、社会功能受损等特点的一种精神障碍。

最后，从毒品戒断过程来看，毒品成瘾矫治离不开心理学科的参与。根据《中华人民共和国禁毒法》和《戒毒条例》，无论是社区戒毒、社区康复还是强制隔离戒毒，都强调对戒毒人员采取脱毒治疗、心理康复、行为矫治等多种治疗措施。这表明心理学在矫治毒品成瘾中具有非常重要的作用。

尽管如此，在毒品戒断和毒瘾矫治的实践过程中，目前关于戒毒人员的心理矫治与康复读物大多是作为整个教育矫治中的一个部分，要么是从管理者和教育者的视角来编撰的，鲜有从毒品成瘾者本人的视角，以问答形式呈现的心理学科普读物。基于上述原因，我们认为，毒品成瘾者若能在接受公安和司法等部门的教育帮扶和干预治疗下，同时自己掌握一些常见常用的心理知识、心理技能、应对方法，将有利于帮助他们在戒断毒品的过程中获得更多心理能量，助力他们自我成长，回归正常的社会生活。

江西师范大学　胡竹菁

目录

第一篇 心理健康篇 … 1

- 01 什么是心理健康? … 2
- 02 什么是心理危机? … 7
- 03 心理异常的人有哪些表现? … 15
- 04 吸毒成瘾是心理疾病吗? … 21
- 05 心理治疗对戒毒有作用吗? … 25
- 06 怎么通过心理治疗来戒毒? … 28
- 07 常常感觉自卑怎么办? … 31
- 08 感觉很累、很倦怠、很无趣,怎么办? … 34

第二篇 认知过程篇 … 37

- 09 为什么有人会吸毒? … 38
- 10 为什么戒毒这么难,这么苦? … 42
- 11 是毒品绑住了我还是我离不开毒品? … 45
- 12 感觉生活中充满毒品诱惑怎么办? … 48
- 13 为什么吸毒后会产生幻觉? … 52

14 为什么吸毒后身体没以前好了？	55
15 为什么吸毒后我的睡眠质量变差了？	58
16 为什么吸毒后记忆力下降？	61
17 为什么心情不好的时候想复吸？	64
18 为什么吸毒后逻辑推理能力会下降？	68

第三篇 自我意识篇　71

19 吸毒后我与理想越来越远怎么办？	72
20 吸毒让我变得更没自信了怎么办？	76
21 吸毒后我无法接纳自己怎么办？	81
22 吸毒后我难以在别人面前表达自己怎么办？	85
23 吸毒后我对自己的容貌身材很不满怎么办？	88
24 吸毒让我逐渐丧失了技能怎么办？	92
25 吸毒让我失去了个人价值怎么办？	95
26 吸毒后我失去了人生目标怎么办？	99

第四篇 人际关系篇　103

27 为什么我会失去亲情、友情、爱情？	104
28 戒毒中该如何与家人维系情感？	106
29 我还能成为家里的顶梁柱吗？	109
30 我还能成为孩子的榜样吗？	112
31 我还能得到家人和朋友的支持吗？	115
32 怎样面对举报自己的家人？	118
33 家人总怀疑我复吸怎么办？	121

34 总担心自己不被家人接受怎么办?   124

第五篇 情绪调适篇   127

35 常常感到自责、内疚怎么办?   128
36 为什么总感到焦虑?   132
37 为什么总感到不安和恐慌?   136
38 吸毒后变得越来越沉默与孤僻怎么办?   139
39 为什么会变得脾气暴躁?   143
40 为什么总感到压力大?   146

第六篇 回归社会篇   149

41 戒毒后找不到工作怎么办?   150
42 戒毒后还能和以往一样正常生活吗?   153
43 戒毒后还能追上其他人的脚步吗?   156
44 做很多事情都受限怎么办?   160
45 总感觉低人一等怎么办?   164
46 如何面对身边人的一些负面言论?   168

参考文献   171
后记   174

第一篇
心理健康篇

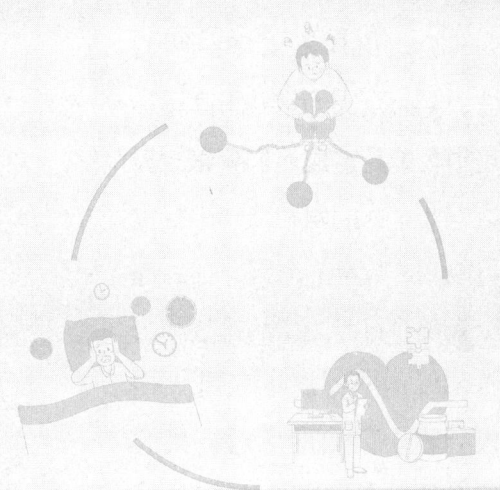

什么是心理健康？

案例导入

案例1：F吸毒事件。F当时因涉嫌吸毒被警方逮捕，引起了广泛的关注。作为一名公众人物，F的吸毒行为对他的形象和事业造成了严重的打击。F的吸毒行为不仅令他个人受到了法律的制裁，也对他的家庭和事业造成了巨大的伤害。F曾表示，自己的童年经历对他的心理造成了很大的影响，使得他在成年后不能正确应对压力和困难。

案例2：K吸毒事件。作为一名公众人物，K的吸毒行为对他的个人形象造成了负面影响。但人们对K吸毒事件提出了一些看法，如公众人物常处于高压环境中可能是造成他们吸毒原因之一。个人问题和情感困扰也可能是K吸毒的原因之一。每个人都有自己的生活挑战和困扰，但这些问题不应是人们去寻求不健康的应对方式的理由。

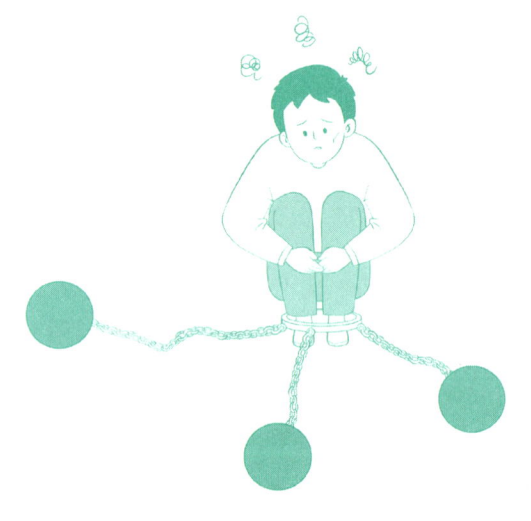

心理解读

一些人由于无法承受压力，就可能会通过吸毒来缓解，毒品滥用成瘾是全世界最常见的精神健康问题之一。案例中的两位公众人物因心理面临困扰而吸毒，进而导致身体状况出现异常，最终酿成不可挽回的后果。

何谓心理健康？早在1946年召开的第三届国际心理卫生大会上，专家们就将心理健康定义为：在身体、智能以及情感上与他人的心理健康不相矛盾的范围内，将个人心境发展成最佳状态。具体表现为：身体、智力、情绪十分协调；适应环境，在人际关系中彼此能谦让；有幸福感；在工作中能充分发挥自己的能力，过有效率的生活。心理健康是相对于身体健康而言的，表现为心理和社会方面相适应且能保持完好的一种状态。我国心理学界普遍认为心理健康是指一种良好的心理状态与持续的心理过程，表现为个体具有生命的活力、积极的内心体验、良好的社会适应能力，能够有效地发挥个人的身心潜能以及积极的社会功能。

吸毒与心理问题之间存在着密切的关系。一方面，吸毒会对人们的心理健康造成直接的损害。毒品中所包含的物质会对大脑的神经系统产生影响，干扰神经递质的正常功能，从而影响人们的情绪、思维和行为。长期吸毒可能导致焦虑、抑郁、精神错乱等心理症状，并增加患精神疾病的风险。另一方面，心理问题也可能成为人们滥用药物的原因。一些人可能因为面临压力、焦虑、抑郁或其他心理困扰而需要寻求逃避现实的方式，吸毒则成为他们应对问题的不健康途径。然而，吸毒只是一时的解脱，从长期来看，它只会加重问题，并造成更多的负面影响。需要强调的是，吸毒不是解决心理问题的正确途径。对于心理困扰，人们应该寻求专业的帮助和支持，如心理咨询、心理治疗等。同时，提高对心理健康的认识，也有助于预防和处理心理问题，减少滥用药物的风险。

总而言之，吸毒与心理问题之间存在着相互影响的关系。因此，保护心理健康、预防滥用药物是每个人都应尽的社会责任。

应对之道

当我们出现心理问题时，可以从以下几个方面来帮助自己恢复至心理健康状态。

自我调适。每个人都是自我心理健康的第一责任人。当发现自己心理出现偏差时，我们应及时进行自我调适，可采取如冥想、转移注意力等方法。

主动寻求心理帮助。大部分人能够感受到因自身心理问题所带来的困扰与痛苦，但可能缺乏自我改变的信心，此时可以向专业心理咨询师寻求心理帮助，提升解决心理问题的信心。

积极参加锻炼。 体育锻炼对心理健康的影响是深远的，无论是简单、随意的身体活动，还是有规律性的体育锻炼，都可以起到缓解心理压力的作用，能增强自信心，培养积极心态。

学习并练习深呼吸法。 通过深呼吸，我们能维持体内神经系统的稳定性，调适自己的情绪，避免过度兴奋。具体做法如下：

1.坐在一个没有扶手的椅子上，双脚平放，并使大腿与地面平行，将背部挺直，手放在大腿前部；

2.用鼻子进行自然的深呼吸，让腹部扩张，想象着空气充满了腹部；

3.在连续的呼吸中，将胸部和肺部完全扩张，感觉胸部正缓慢上升，想象空气正从腹部和胸部向各个方向扩张；

4.通过鼻子缓慢地呼气，呼气时间尽量比吸气时间长；

5.深呼吸至少一分钟，保持舒缓的节奏，不要强求自己，注意呼吸的深度和程度，使身体处于放松状态。

心理小贴士

心理健康早知道

下面是一份专门针对戒毒人员的心理健康自测问卷。请仔细阅读每一道题目，根据最近1个月的实际情况，在每道题的后面选择出最适合你的选项。每题只有一个答案，请不要多选或遗漏问题。最后将自己选择的分数相加，得分高于105分表明心理健康水平较好，得分越高表明心理健康水平越高。

《戒毒人员的心理健康自测问卷》

题目	完全不符合	有点不符合	一般	有点符合	完全符合
1.别人无意冒犯了我，我觉得包容一下没什么。	1	2	3	4	5
2.我和大多数学员的关系都挺好，遇事会互相帮助。	1	2	3	4	5

（续表）

题目	完全不符合	有点不符合	一般	有点符合	完全符合
3.我一般能与各种各样的人和谐相处。	1	2	3	4	5
4.我十分尊重别人。	1	2	3	4	5
5.我待人亲切友善，诚实宽容。	1	2	3	4	5
6.身边大多数人认为我是一个有礼貌并值得尊重的人。	1	2	3	4	5
7.我觉得对人尊重、遇事宽容是避免产生矛盾的好办法。	1	2	3	4	5
8.总的来说，我对自己是满意的。	1	2	3	4	5
9.有时候我觉得我是相当不错的。	1	2	3	4	5
10.我觉得我确实有很多值得自己骄傲的地方。	1	2	3	4	5
11.有时我真的觉得自己是很有用的。	1	2	3	4	5
12.总的来说，我不认为自己是个失败者。	1	2	3	4	5
13.我觉得我是一个有价值的人，至少与他人一样有价值。	1	2	3	4	5
14.我对自己持积极的态度。	1	2	3	4	5
15.当需要学习一项技能时，我不会因为困难而退缩。	1	2	3	4	5
16.我做任务的时候常常很投入，不会轻易被打扰。	1	2	3	4	5
17.我做任务时常保持着热情的态度。	1	2	3	4	5
18.只要是下定决心要做的事情，我都能坚持到底。	1	2	3	4	5
19.即使在工作的时候受到其他诱惑，我也能坚持做下去。	1	2	3	4	5
20.我能很快从一堆图形中找到不一样的那一个。	1	2	3	4	5
21.我可以轻松识别物体的细节部分。	1	2	3	4	5
22.我能很快地理解别人问的问题。	1	2	3	4	5

（续表）

题目	完全不符合	有点不符合	一般	有点符合	完全符合
23.判断物体的大小、位置和方向时，我很少出错。	1	2	3	4	5
24.处理复杂的问题时，我总能快速找到头绪。	1	2	3	4	5
25.我很快就能明白要如何完成安排给自己的工作。	1	2	3	4	5
26.我不担心自己会惹别人不高兴。	1	2	3	4	5
27.我不担心别人会看不起我。	1	2	3	4	5
28.我认为别人都喜欢我。	1	2	3	4	5
29.我很少有因害怕做不好某事而不敢做的感觉。	1	2	3	4	5
30.我目前与家人所保持的关系让我感到满意。	1	2	3	4	5
31.我十分享受被家人陪伴的感觉。	1	2	3	4	5
32.每当遇到挫折，我很少去抱怨家庭的不好。	1	2	3	4	5
33.面对尖锐的批评，我能够不气馁。	1	2	3	4	5
34.碰到烦人的事情后，我能够很快摆脱不愉快的情绪。	1	2	3	4	5
35.面对困难，我能够不气馁。	1	2	3	4	5

02 什么是心理危机？

案例导入

某戒毒人员小A，36岁，未婚，高中毕业，18岁开始染上毒瘾。小A性格内向，人际交往能力一般，戒毒期间遵规守纪，能正常参加大队各项戒治活动和习艺劳动。2020年12月，小A打完亲情电话后突然性情大变，表现出寡言易怒、情绪低落、食欲不振、失眠等多种不良状况，常一个人发呆，偷偷抹眼泪，还会因一些鸡毛蒜皮的小事，一天之内多次与其他戒毒人员发生口角甚至产生肢体冲突。执勤民警多次找其了解情况，小A哭泣不止，但不肯诉说缘由，还多次表示活着没有希望，谈话效果甚微。心理咨询师经过多次摄入性谈话了解到，在那次通话中，小A从父亲口中得知母亲突发脑溢血但因没有抢救过来而去世的消息。小A无法相信这个事实，悲伤的情绪和强烈的内疚感使他一蹶不振。

心理解读

什么是心理危机呢？心理危机是指个体在遭遇突发事件、重大挫折、严重灾难后，生活状态发生了明显变化，尤其是出现了用现有的生活条件和经验难以克服的困难，陷于解体和混乱的暂时性心理失衡及相应的思维和行为混乱状态，如痛苦、不安、绝望、麻木、焦虑以及行为障碍等。

出现心理危机的原因有很多，比如突发事件（比较常见的有婚恋关系的破裂、亲人的离世、破产、晋升失败等）。突发事件一般都是应激性事件，它容易造成人的生理、认知、情绪、行为、需求、人际交往和社会适应等方面的失调、异常。人们在应激状态下，心身往往处于高度紧张且混乱的状态。突发事件还可能引发急性应激障碍和创伤后应激障碍。

案例中的小A在得知母亲去世的消息后，无法接受这个事实，出现了一系列的不良反应，进而引起意识、情感和行为方面的功能失调，这说明小A的心理健康已经受到了严重影响，并出现了心理危机。在这种情况下，如果不及时干预就可能导致焦虑、抑郁、创伤后应激障碍等心理问题的发生或加重，并使小A经历持续的情绪波动，产生消极的自我认知，失去兴趣和乐趣，产生自杀念头，等等。

应对之道

遭遇严重的灾难事件时，人们会害怕、悲伤、绝望或愤怒，这都是特殊状态下的正常反应。突发事件发生后的24—72小时是心理干预的黄金时间；突发事件后的两三天或一周之内是心理应激反应的警戒期；一周至一个月是心理应激反应的反抗期；一个月直至数年后是心理应激反应的衰竭期。而在警戒期内实施应急心理干预能达到较好的效果。

如果我们在遭遇灾难事件后也有类似的感受，请不要太担心，这都是我们身体的保护系统在起作用，下面介绍的心理急救技术可以帮助我们在一定程度上化解心理危机。

心理急救技术是一种以循证为依据的模块式心理干预方法，是指经历心理危机事件后的幸存者在还没有严重身心障碍时，通过心理救助者的心理支持和关爱，控制其早期心理反应，促进其短期和长期适应功能恢复的方法。

稳定化技术是心理急救中常用的一种心理技术。稳定化技术的基本内容包括三个维度：身体的稳定——安全感的恢复（如着陆技术、身体扫描技术）；心理的稳定——认知、情感、行为状态的平衡点（如安全岛技术、隔离技术）；人际的稳定——完善的应对机制和社会支持系统（如内在帮助者）。下面分别介绍三个维度中的某些常用的方法和技术。

一、着陆技术

在经历了一次可怕的事件之后，你可能会发现自己的情绪过于激动，或者不可控制地总想当时发生的情景，这时你就可以用"着陆"方法来放松自己的情绪。着陆技术的原理是把你的注意力从你的内心思考转回到外部世界。

着陆技术的操作过程：

请你找一把你认为舒服的椅子并以一个你觉得舒服的姿势坐着，不要交叉腿或胳膊。

首先，慢慢地深呼吸。看看你的周围，说出5个你看到的但让你不难过的物体。比如，你可以说："我看见了一组大衣柜，我看见了地板，我看见了一张桌子，我看见了一把椅子，我看见了一棵树。"在说的同时慢慢地深呼吸。

其次，请说出5个你听到但不让你悲伤的声音。比如，你可以说："我听到了汽车的声音，我听到了一条小狗的叫声，我听到了自己的呼吸声，我听到了学校的铃声，我听到了手机的铃声。"继续慢慢地深呼吸。

再次，请说出5个你能真实感觉到但不让人悲伤的事情。比如，你可以说："我能感觉到我鞋子里面的脚指头，我能感觉到我的屁股紧紧地贴在椅子上，我能感觉到你的手在紧紧地抓住我，我能感觉到我的牙关咬得很紧。"继续慢慢地深呼吸。

最后，请说出5种你看到的颜色。比如，可以说："我看到了黑色的手机外壳，我看到了红色的消防车，我看到了蓝色的运动鞋，我看到了绿色的香樟树，我看到了紫色的葡萄。"

一般通过上述几个步骤可以将一个人的情绪稳定下来。如果这个干预措施不能帮助你稳定情绪，那么就要寻求心理健康专业人员或精神科医生的帮助。

二、安全岛技术

你还可以使用安全岛技术来放松自己。安全岛是当事人通过想象，在内心深处找到一个使自己感到舒适和惬意的地方。这个地方只有你一个人可以进入，但可以携带任何你想带的物品来消除当下的不良情绪。安全岛技术是一种用想象法改善自己情绪的心理学技术，是稳定化技术的一种。

安全岛技术的操作过程：

第一步：进行放松准备。找一个能让你感到安静和舒适的地方，坐着或者躺着都行，舒适即可；身体放松，调整呼吸的节奏，让你的呼吸变得平缓、均匀、顺畅。

第二步：构想场景。尝试在脑海中想象一个能够让你全身心放松，并且感到安全和舒适的地方。这个地方只有你一个人可以进入，你也可以随时离开。你可以带上一些你认为可爱的且能为自己提供帮助的东西（如抱枕等）陪伴自己，尽量让这个场景变得清晰。

第三步：察觉感受。当场景逐渐清晰后，尝试对场景进行自我确认，包括画面、物体、色彩、声音等，并确认这种体验给自己带来的感受，如太阳出来照在自己身上的感受。发挥你的想象，直到自己真的感到舒服。

第四步：安全确认。当这个安全岛能让自己找到舒服的感觉时，进行安全确认。当你对安全岛足够满意，并且安全岛给你带来了安全、舒适、惬意的感觉时，调整自己的身体姿势或手部动作，让自己正式进入并徜徉在安全岛内。

第五步：享受放松。让自己保持某个姿势或动作，待在安全岛里享受只属于自己的宁静和放松，并细细地体会现在的这种感受，保持一段时间，比如5—10分钟，如果自己愿意，更久些也可以。

第六步：回到当下。当自己感觉情绪变得平静或愉悦时，可以收回上一步的某个姿势或动作，平静一下，慢慢地睁开眼睛，回到当下。

值得注意的是，这个练习不一定要以回到当下为最终目的，如果在某个时刻，你进入了睡眠状态，这也是可以的。另外，如果一次练习达不到理想的效果，可以进行多次练习。当达到理想的练习效果时，你就可以将此时的安全岛模式固定下来并继续练习，直到解除心理危机。

三、内在帮助者

内在帮助者能帮助人们在自己的内心建立一些有用的东西，达到支持、保护、安抚、支撑的作用。它可以在你感觉不错的时候陪伴你，也可以在你有问题的时候帮助你，内在帮助者这一练习对于诸多生活问题的澄清特别有帮助。在你面对创伤时，内在帮助者可以站在一旁安慰你。内在帮助者还包括某个童话中专做好事，并且有超乎常人的力量或能力的角色，某种动物、天使、会说话的石头等。内在帮助者也是一项重要的技术，是心像法的重要技术之一。有些人做这种练习时会有神奇的效果。

内在帮助者的操作过程：

1.请你把注意力转向自己丰富的内心世界。

2.请你与自己内在的智者建立起联系，这听起来似乎有些抽象，因为在大多数情况下，我们总是感觉不到内在的智者的存在，但它一直都在你内心深处。

3.只有在安静且注意力非常集中的时候，你才会察觉到内在的智者。它能告诉你，什么是对的，什么是好的，什么是真的——内在的智者是一个不会撒谎的裁判。

4.让内在的智者帮助你，和一个或者几个友好的、有用的东西建立起联系。注意是东西，而不是人，它能陪伴你、保护你、支持你、安慰你。

5.它也许是童话世界里存在的某种具有特殊的能力或者力量的东西；它也许是某种形式的能量……请让所有的感觉自由地延伸，或许你看到了什么，或许你听到了什么，或许你感觉到了这种对你有用的东西的存在。请开启你所有的感官，让它自由地出现，然后感受它。

6.如果有不舒服的东西出现，请把它送走，你现在只想遇见有用的东西。对于其他的东西，只有在你想跟它们打交道的时候，它们才可以出现。

7.如果你能建立这种联系，你就可以让内心的智者为你提供一些建议和帮助。请想一想，你有哪些重要的问题需要问它，或者想请它提供哪些帮助或支持。

8.请把你的问题或要求提得更加明确清楚一些，请你对每一种回答敞开心怀，不要对它做出太多的评价。

9.如果你已经得到了一些答案，请对它说声感谢。你也可以经常请这位内在的智者来到自己身边。

10.如果你到现在还没有和内在的智者建立联系，就请你经常做这个练习。总有一天，这种联系会被建立起来。现在，请你集中自己的注意力，回到当下。

心理小贴士

心理危机早知道

请仔细阅读每一道题目,并根据最近两个月的实际情况,在每道题的后面选择出最适合您的数字并在相应的数字上画"○"。每题只有一个答案,请不要多选或遗漏问题。

《心理危机自评问卷》

题目	非常不符合	比较不符合	不确定	比较符合	非常符合
1.我感到他人对我不友好,不喜欢我。	1	2	3	4	5
2.我对集体活动不感兴趣。	1	2	3	4	5
3.我总感觉别人瞧不起自己。	1	2	3	4	5
4.我认为自己处处不如别人。	1	2	3	4	5
5.我不愿意和别人交往。	1	2	3	4	5
6.当我与他人意见不一致时,我忍不住与他们争论。	1	2	3	4	5
7.我很难控制自己的情绪。	1	2	3	4	5
8.朋友认为我是一个脾气暴躁的人。	1	2	3	4	5
9.我对某种物质过度使用、依赖。	1	2	3	4	5
10.我受到过批评或处分。	1	2	3	4	5
11.家庭对我施加了较大的压力。	1	2	3	4	5
12.我被人误会或错怪、诬告、议论等。	1	2	3	4	5
13.我感觉心跳得很快。	1	2	3	4	5
14.我因为一阵阵头晕而苦恼。	1	2	3	4	5
15.我感觉快要晕倒了或者已经晕倒过。	1	2	3	4	5
16.我觉得闷闷不乐、情绪低沉。	1	2	3	4	5
17.我觉得想哭。	1	2	3	4	5
18.我感到孤独。	1	2	3	4	5

（续表）

题目	非常不符合	比较不符合	不确定	比较符合	非常符合
19.我觉得有人在操纵我的思想。	1	2	3	4	5
20.我感到有人要迫害自己。	1	2	3	4	5
21.我感到自己的脑子有毛病。	1	2	3	4	5
22.我想结束自己的生命。	1	2	3	4	5
23.我大部分时间觉得自己死了会更好。	1	2	3	4	5
24.我自杀的念头已经持续了很久。	1	2	3	4	5
25.我因身患疾病而忧愁。	1	2	3	4	5
26.我身体素质不好。	1	2	3	4	5
27.我长期患有慢性疾病且无法根治。	1	2	3	4	5
28.我的身体或外表有特别令我自卑的地方。	1	2	3	4	5
29.我因身体或外貌方面的缺陷而遭到过歧视。	1	2	3	4	5
30.我觉得自己某个地方长得特别难看。	1	2	3	4	5
31.我觉得自己的长相或身体有缺陷。	1	2	3	4	5
32.我因身体或外貌方面有缺陷而遭受过更多挫折。	1	2	3	4	5
33.我因身体或外貌方面有缺陷而被别人讥讽。	1	2	3	4	5
34.遇到困难时，我可以得到能解决实际问题的帮助。	1	2	3	4	5
35.我身边没有可以给我支持或帮助的人。	1	2	3	4	5
36.当我向他人倾诉烦恼时，我不能获得支持或理解。	1	2	3	4	5
37.我不能得到家庭成员的全力支持和照顾。	1	2	3	4	5
38.遇到困难时，我不能得到经济支持。	1	2	3	4	5
39.当我遇到困难时，父母或朋友不会主动帮助我。	1	2	3	4	5

计分方法：

维度	生理缺陷	社会支持	心理缺陷	应激事件	攻击冲动	焦虑	抑郁	精神病性	自杀意念	躯体不适	总量表
题号	28 | 33	34 | 39	1 | 5	9 | 12	6 | 8	13 | 15	16 | 18	19 | 21	22 | 24	25 | 27	
评分标准	每个部分大于18分，表明该部分存在问题，需要引起重视	该部分大于15分，表明该部分存在问题，需要引起重视	该部分大于12分，表明该部分存在问题，需要引起重视	每个部分大于9分，表明该部分存在问题，需要引起重视							>107分表明存在心理危机
你的得分											

心理异常的人有哪些表现？

案例导入

W，30岁，未婚。其母亲中风，父亲年迈。W因其家庭的重负，出现入睡困难，易醒，多梦，白天无精打采，无法集中注意力等症状，进而影响工作效率，受到了上级领导的批评。W的情绪出现了极端变化，她时而情绪低落，时而感到烦躁焦虑，有时候彻夜难眠，易怒，爱发脾气，看什么都不顺眼，还会有自伤、自残行为。W为逃避现实生活的压力开始吸食毒品，并有吞食异物倾向。社区戒毒人员发现后第一时间对其进行教育与引导，帮助其远离毒品，并且督促其到三甲医院进行心理治疗。医生诊断其患长期神经官能症，为心理异常。2019年3月为了逃避公安机关的抓捕，她从家中拿出异物进行吞食。几天后，她被公安机关依法抓获。

心理解读

毒品在给社会带来巨大危害的同时，也严重影响了吸毒者的身心健康。人们的心理健康状况会受到毒品的影响，同时，心理健康因素也在预防与干预吸毒行为方面发挥着重要作用。一方面，心理健康是物质滥用的重要预测因素。一些已经吸食毒品的人自身的精神问题会加重，即使最初吸毒是为了享乐，之后也可能会转变为逃避戒断、心理压力和负面情绪的一种手段。另一方面，心理健康是戒毒人员实现脱毒的关键因素。有研究者指出，我国自愿戒毒者的复吸率非常高，预防复吸是成功治疗吸毒成瘾的先决条件，而降低复吸率的关键之一是提高戒毒人员的心理健康水平。如果忽视了戒毒人员内在的、根源性的心理健康问题，我们就难以帮助他们真正戒断毒品，也不能消除吸毒对个人和社会带来的持续性伤害。

许多研究表明，大部分戒毒人员在生理脱毒后仍然存在心理依赖，会产生明显的焦虑、抑郁、强迫和偏执等症状。50%—66%的阿片类药物使用障碍患者在接受初级保健治疗时伴有心理健康问题，包括但不限于抑郁、焦虑和创伤后应激障碍。也有研究发现，可卡因使用与严重的心理困扰和自杀意念或企图存在正相关的关系。另外，脑神经活动情况也是衡量心理健康的重要标准，阿片类药物的长期使用会增加大脑对痛苦的敏感性，降低神经系统对奖赏体验的敏感性。这将导致此类成瘾者在生理水平上难以产生快乐体验，影响他们的心理健康。

正常的心理活动是人能顺利地适应环境，健康地生存发展、人际互动、正常地反映和认识主客观世界的本质及其规律性的保障。当个体的心理活动偏离了正常的轨道，就可能走向异常。正常心理活动与异常心理活动之间有互相转化的可能。即使心理异常的人，他们的心理活动也不完全是异常的，比如一个有人格缺陷的人，可能在感知上是正常的，但其思维可能是异常的。根据《疾病和有关健康问卷的国际统计分类》（ICD-10）的方法，可以用"精神障碍"描述心理异常。

一、区分心理正常和心理异常的标准

李心天提出了以下四种区分标准。

（一）医学标准

临床医生普遍认为有精神障碍的人的脑部，应当存在病理解剖或病理生理变化。即使有些目前未能发现明显病理改变的精神障碍，可能在将来会发现，在病人的大脑中，已发生了精细的分子水平上的变化。这种病理变化是区分心理正常与心理异常的可靠根据。

（二）统计学标准

人类的心理特征在统计学上呈正态分布。绝大多数人的心理特征都处于正态分布的平均数附近，这一般为心理正常的人。如果在心理测验中，某个人的得分偏离平均值太多，则有可能被确定为心理异常。这种标准因其操作简便易行，便于比较而被广泛使用，但也存在一些明显的缺陷，例如，天才儿童在人群中是极少数，但很少被人认为是病态。所以，统计学标准的普遍性也只是相对的。

（三）个体经验标准

个体经验来自两个方面：一是自己的经验，如自己觉得有情绪低落或说不出明显原因的不舒适感，不能控制自己的行为等表现。二是他人的经验，如周围人把某人的行为与自己以往经验相比较，从而对某人做出心理正常或异常的判断。这种判断具有很大的主观性，不同的观察者有各自的经验，所以评定行为的标准也不相同。

（四）社会适应标准

正常人的行为符合社会的准则，能根据社会要求和道德规范行事，此时其行为是一种社会适应性行为。如果由于器质的或功能的缺陷，使得某个人的社会行为能力受损，不能按照社会认可的方式行事，那么，人们就认为此人有精神障碍。这一判断是将此人的行为与社会行为相比较之后得出的。

二、区分心理正常和心理异常的原则

郭念锋以心理学对人类心理活动的一般性定义为依据提出了区分心理正常与异常的三条原则。

（一）主客观世界一致的原则

心理是客观现实的反映，任何正常的心理活动或行为在形式和内容上必须与客观环境保持一致。

临床上，常把有无自知力作为判断精神障碍的指标。所谓无自知力或自知力不完整，是指患者对自身状态的错误反映，或者说是自我认知与自我现实的统一性的丧失，比如周围人都觉得某人行为异常，但唯独其本人不这样认为。在临床上，还把有无现实检验能力作为鉴别心理正常与异常的指标，本质上与有无自知力是一致的。因为若要以客观现实来检验自己的感知和观念，必须以认知与客观现实的一致性为前提。

（二）心理活动内在协调性原则

虽然人的心理活动被分为知、情、意三个部分，但是它们是一个完整的统一体，具有协调一致的关系，这种协调一致性，保证人在反映客观世界过程中的高度准确和有效。

当用低沉的语调述说令人愉快的事，或者对痛苦的事做出快乐的反应时，他就违背了情绪与行为之间内在协调一致的关系，我们就可以说他的心理过程失去了协调一致性，称为异常状态。

(三)人格相对稳定性原则

"人心不同，各如其面"说的是每个人都有着独特的人格心理特征。"禀性难移"说的是人的人格心理特征一旦形成，便有相对的稳定性，在没有重大外界变革的情况下，一般是不易改变的。

如果在没有明显的外部原因的情况下，一个用钱很仔细的人，突然挥金如土，甚至走到大街上撒钱。这种行为与其相对稳定的人格特点格格不入，此时我们就可以说，他的精神活动已经偏离了正常轨道，心理活动出现了异常。

三、常见的心理异常的症状表现

由于篇幅有限，这些心理异常的症状表现仅列举常见的且较为宽泛的部分，更详细的内容可查阅专业书籍。

（一）认知障碍

1.感觉障碍

感觉障碍中包括感觉过敏（阈限降低而产生过强的反应）、感觉减退和内感性不适（躯体内部性质不明确、部位不具体的不舒适感或难以忍受的异常感觉，如感到肚子里有某种动物存在）。

2.思维障碍

思维障碍的症状表现较多、较复杂，如思维奔逸（患者表现为语量多，语速快，口若悬河，滔滔不绝，词汇丰富，诙谐幽默）、思维迟缓（多见于抑郁状态或心境障碍抑郁发作）、思维贫乏（患者思想内容空虚，概念和词汇贫乏，对一般性的询问往往无明确的应答性反应或回答得非常简单。患者平时沉默寡言，很少主动讲话，被询问时则回答："没有什么要想，也没有什么可说的"）、思维散漫（患者的思维活动表现为联想松弛、内容散漫。在交谈中，患者对问题的叙述不够中肯，也不很切题，给人的感觉是"答非所问"）、强迫观念等。

此外，还有注意障碍、记忆障碍和智能障碍等。

（二）情绪障碍

情绪障碍的具体表现为躁狂发作时的情绪高涨、抑郁发作时的情绪低落、焦虑神经症和惊恐障碍患者的焦虑和惊恐发作等。

应对之道

戒毒人员吞食异物的行为属于自伤、自残行为，本质上是为了逃避处罚。如果戒毒人员出现了自伤、自残行为，首先要做的是降低自伤、自残行为对戒毒人员的伤害，并及时送医。其次，对其进行必要的心理咨询及治疗，安抚戒毒人员的情绪。为此，社区戒毒工作人员等可以安排戒毒人员通过正常渠道与最亲近的人进行沟通，让其感受到爱和温暖，从而降低他的自杀意念，减少自伤、自残行为。最后，可以让戒毒人员使用传统的书面语言——写信的方式来表达自己对亲近之人的诉求。研究表明，写信是通过文字表达自身感受与情绪的一种手段，书写信件操作简便，能让一些难以表达的经历感受得到有效传达，能对身心健康发展起到显著的促进作用。

准备好笔和纸，按照以下指导语进行以"创伤经历"为主题的书写表达。请在纸上写下你迄今为止经历过的最痛苦的事情以及它带来的感受和想法。这些感受和想法可能会让你想到与该事件相关的人（包括父母、恋人、朋友、亲戚等），也可能会让你的过去、现在或将来联系起来。你可以尝试写出不同的创伤经历，写出自己当时面对的冲突和压力。随后，尝试找出这些事件的积极方面，即该事件或其中的某个人的处事方式给你带来了哪些积极的影响。对于发生在你身上的有害事件，请思考通过怎样的方式才能够给自己带来积极的结果。

心理小贴士

心理急救的"3L"原则

观察（Look）：观察的对象主要包括安全感不足的人、急需帮助的受助者、出现情绪不稳定和严重困扰反应的人。

倾听（Listen）：了解当事人所需，了解当事人关心和担忧什么，安静地倾听当事人的倾诉，帮助他们平复心情。

联系（Link）：为当事人提供信息，帮助其表达需求并获得相关服务，应对和解决问题，找到当事人信赖且可为当事人提供支持的人。

吸毒成瘾是心理疾病吗？

案例导入

张三年幼时其父亲就已染上毒瘾，且经常对张三打骂，其母亲忙于生计对张三疏于照顾，张三经常一人独处。14岁时张三被父亲的毒友教唆开始吸食毒品，此后，他更加内向、自卑。张三不会处理人际关系，学业难以继续以致放弃学业。进入戒毒所后，张三表现得非常内向，经常一个人呆坐，很少与其他人沟通，情绪低落，人际关系差，睡眠问题突出，不愿参加集体活动。

心理解读

张三存在主观上的苦恼及行为上的回避，经测试属于回避型人格并存在物质使用障碍现象。这类人具有社交困难、夸大困难、行为退缩、心理自卑、回避挑战、对别人的评价过于敏感等主要特征，需要进行相应的心理干预或治疗。

《精神障碍诊断与统计手册（第五版）》（DSM-5）将物质滥用和物质依赖合并为一个诊断，即物质使用障碍。物质使用障碍的诊断标准包括能预计到会产生消极的社会、职业和健康后果仍继续使用物质（毒品或酒精）的现象，以及产生戒断反应等，使用者必须在1年以上的时间里出现与物质使用障碍有关的2种或更多症状才符合诊断标准。

临床医生将物质使用障碍的严重程度分为轻度（符合本章节心理小贴士中2—3条标准）、中度（符合本章节心理小贴士中4—5条标准）和重度（符合本章节心理小贴士中6条及以上标准）。

应对之道

回避型人格的形成除了与遗传有关，还与成长环境有关。张三长期处于父亲吸毒的环境中，并被父亲的朋友引诱吸毒，缺乏健康的社会人际关系，难免会出现社交困难、心理自卑等现象。有类似情况的个体需要先远离毒品，防止物质使用障碍进一步影响自身生活与人际关系。具有回避型人格的人需要解决自卑、敏感多疑、人际交往困难等问题，可以多尝试与他人接触与交流，敞开心扉，减少自己的负性思维。

此外，我们可以通过情绪ABC理论调节心理。该理论认为，在大部分情况下，并非是事件（A）直接引起情绪（C），而是事件与情绪之间的信念（B）将两者联系到了一起。想要减少负性情绪的影响，就要从寻找不合理的信念（B）开始，即一个人对某件事的错误认知。也就是说可以用一些新的信念代替旧的信念，改变错误信念。比如，一个经典的故事讲述了这样一件事，一位老太太有两个儿子，大儿子靠晒盐为生，小儿子靠卖雨伞为生。老太太整天都不开心，因为，天晴的时候她就担心小儿子的雨伞卖不出去，下雨天她担心大儿子晒不成盐。两个儿子的买卖与天气都属于A，老太太的担心是B，整天不开心属于C。如果改变一下想法即老太太可以这样想：天晴大儿子可以晒盐，下雨小儿子可以卖伞。这样，不管天晴还是下雨，两个儿子都有事可做。结果（C）会怎样呢？

请尝试在纸上写下引起你情绪（C1）的事件（A），并认真思考自身是否存在一些错误信念（B1），如果是其他人遇到这样的事情，拥有不同的信念（B2），是否会出现面对同样的事件（A）而产生不同的情绪（C2）呢？

合理情绪（RET）自助量表

（A）诱发事件（使我感到情绪困扰或产生消极行为之前的事件）	（B）信念和想法（导致我产生情绪困扰或消极行为的不合理的想法）	（C）情绪和行为反应（这件事情发生之后产生的情绪困扰和消极行为是什么）	（D）驳斥自己之前的不合理信念	（E）驳斥之后在情绪、行为和认知上的变化

心理小贴士

毒品使用障碍的诊断标准（改编自DSM-5）

● **中央控制受损**

摄入毒品的剂量或时间比原先的打算更严重。

使用者渴求吸食毒品。

使用者对减少或控制吸食毒品有持久的欲望。

花费大量时间获得毒品、吸食毒品或从毒品的影响中恢复。

● **社交受损**

反复地吸食毒品通常导致无法履行学校、家庭或工作的责任。

因为吸食毒品而放弃或减少重要的社交、职业或娱乐活动。

尽管吸毒后的效应引起或加重反复的社交或人际关系问题，仍继续吸食毒品。

● **冒险使用**

在可能对躯体造成伤害的情况下仍反复吸食毒品。

尽管认识到毒品可能引发或加重持久的生理或心理问题，仍继续吸食毒品。

● **药理学标准**

需要更大剂量的毒品来达到预期的效应，或随着时间推移摄入同等剂量毒品体验到的中毒效应减弱，表明吸毒者对毒品的耐受性改变。

如果在停止使用成瘾物质后的情况出现了上述症状，可能表明出现了戒断反应。

注：通常需要符合上述两条及以上的标准才能做出毒品使用障碍的诊断。

心理治疗对戒毒有作用吗？

案例导入

李四，男，有十二年的吸毒史，先是吸食传统毒品，后转为吸食新型毒品。李四在一次偶然的机会中开始接触毒品，并逐渐上瘾。他昼夜颠倒，生物钟混乱，饮食结构不合理，营养不良，心理失衡，身体机能退化，经常性失眠，情绪不稳定。在戒毒过程中，他逐渐地对自己失去了信心，且他的性格较犟，说话做事一根筋，想到或决定的事不会轻易改变。

心理测试结果显示：李四性格内向，情绪焦虑，自暴自弃，失去信心，各项心理测试的指标均不理想。李四在戒毒过程中接受心理学针对性训练后，效果明显，心理状况日趋正常，各项心理专业测试均显示合格。

心理解读

在深入探究李四复杂的个人情况时，我们需要从多个维度剖析他吸毒及戒毒失败的原因。接下来，我们将从心理原因和家庭原因两个角度进行分析。

心理原因。 李四多次戒毒未成功后，对能否成功戒除毒瘾完全失去了信心，抱着破罐子破摔的心态。其性格内向，容易暴躁，少言寡语，常常会出现焦虑的症状。他遇到事情也是闷在心里，不愿意交流，也不愿意报告给戒毒民警。

家庭原因。 李四小时候家庭条件较好，属于家里五个孩子中唯一的男孩，四个姐姐和父母都很宠爱他，从小有什么愿望，家人都会满足他。慢慢地，李四形成任性的性格。结婚以后，他适应不了婚后生活，缺乏与妻子的感情交流。这导致李四嗜酒成性、不务正业，天天在居住地附近游荡，觉得生活没有意义。

应对之道

李四戒除毒瘾的主要难点在于其主观上戒治意愿不强，抗拒毒品能力较差，复吸归因认知错误，生活状态不如意，对未来生活失去信心。

针对李四表现出来的症状，戒毒人员可尝试以下方法：

1. 通过心理学针对性训练，激发其戒毒的动机，端正其戒毒的心态；
2. 通过多种形式调动其戒毒的积极性，缓解其心理压力；
3. 通过亲情帮教，给予其社会支持，增强其信心。

此外，还可以采用一些简单的心理应对方法，例如积极的自我暗示法，可以增强戒治信心，激发戒毒动机。那么我们该如何进行积极的自我暗示呢？

自我暗示可以通过多种方式进行，可以在心中默念，也可以大声说出来，还可以写在纸上。暗示的内容一定要是能给自身潜意识带来积极力量的，如"我有足够的时间、能力、意志力来远离并戒断毒品"。即使现在意志力不够强，只要始终坚持，你就会产生内在的动力，最终达成目标。

心理小贴士

　　心理暗示的力量是巨大的，甚至可以改变一个人的命运。有研究人员对此进行了验证，他随机在学生名单上勾画了几个学生名字并告知上课的教师，这些学生都十分聪明，长大后一定会有大出息。8个月后第二次测试结果显示：上了名单的大部分学生成绩都有了较大的进步，且活泼开朗，自信心强，求知欲旺盛，更乐于和别人打交道。

　　这体现出心理暗示的重要性。每个人在生活中会接收到来自他人的暗示，也可以接收到来自自己的心理暗示。常常对自己进行积极的心理暗示，可以不断增强自己对戒断毒品的信心，让自己朝更好的人生方向发展。

怎么通过心理治疗来戒毒？

案例导入

35岁的L，初中学历，家中有父母、妻子和儿子，父亲脾气暴躁，家庭氛围不好，L初中毕业后一直在打零工。2020年，他因复吸再次被强制隔离戒毒。入所当天，大队民警在对新收治戒毒人员进行摸底谈话时，发现L对民警提出的问题持沉默态度，即使有回答也是只言片语，性格极其内向。在后来戒治生活中，L表现得非常消极。民警通过运用个别谈话教育、心理咨询、亲情感化教育等多种教育手段，对L进行全方位、多角度的矫治，最终使L走上了正常的戒治轨道。

心理解读

内向性格的形成与个人成长经历密切相关。L的父亲脾气暴躁，喜欢喝酒，经常与L的母亲吵得不可开交，家庭关系迅速恶化，后来L的母亲因受不了L

的父亲的粗暴对待而选择离婚。L在原生家庭中并不幸福，因而不善言辞，性格内向孤僻。

L初中毕业后就步入了社会，因学历低只能靠打零工（如去饭店端盘子，到工地上搬砖、切管子）维持生计。后来L认识了吸毒人员张某，并在张某的诱惑下开始接触毒品，很快便花光了所有的积蓄，以致四处借钱吸毒。

L被送到戒毒所之前就已经很久没有见到妻子和儿子了，加上吸毒后妻子对他彻底失去了信心，说要离婚。他因担心妻子与自己离婚，心情不好，情绪一直很低落，加上脾气急躁，自我控制能力极差，遇事易冲动，以及长期吸毒导致的认知偏差，所以产生了破罐子破摔的想法。

 ## 应对之道

谈话疗法。谈话疗法能治疗心理疾病，主要涉及重塑防御模式、转换模式、人格等方面的内容。我们可以找民警谈心，或主动提出要见心理咨询师，这有利于帮助我们正视自己的问题。在没有专业的心理辅导时，我们也可以尝试与家人、朋友进行沟通交流，把自身的压力与困惑表达出来，这在一定程度上能缓解自己的消极情绪。

运用心理疏导纠正认知。心理咨询师可以通过认知行为治疗，帮助我们重新认识自己、接受自己，并对自己和环境有一个正确的认识，引导我们逐步树立正确的人生观、价值观和世界观。

心理小贴士

戒毒要从个人的生理与心理方面着手：在生理方面，你要学会远离毒品；在心理方面，除了接受专业的心理治疗外，你还可以使用一些简单易行的措施来改善与规避诱发吸毒的心理问题。

心瘾对戒毒人员来说，像是难以跨越的一堵墙。大多数戒毒人员尽管经过生理脱毒治疗，身体检测已经完全没有毒品的存在，但只要和以前的毒友接触，或是重新回到曾经吸毒的地方，就可能又想起吸毒，然后走上复吸的道

路，所以才会有"一朝吸毒，终生想毒"的说法。因此，要想真正戒毒只有戒断心瘾，并且长期预防复吸。

　　戒断心瘾需要运用综合的手段和方法，其中心理治疗是重要的一环。心理治疗是通过心理矫治的戒毒方法，达到戒断心瘾的目的。不过这种方法也需要吸毒者的配合。自己的意志力和心理医生的辅导相结合，才会起到好的效果。心理治疗能够帮助患者制定个人生活规划，让其觉得生活有奔头，在健康的社会活动中忘掉毒品，培养家庭责任感，积极参与社会公益活动，从根本上铲除心瘾。

常常感觉自卑怎么办？

案例导入

戒毒人员E的父母均已再婚，且常年在外地工作。E跟爷爷奶奶住，高中毕业后一直没去工作，平时就和社会上的朋友一起玩耍，20岁接触过毒品后就一发不可收拾，被爷爷奶奶强制送入隔离戒毒所已满2年。戒毒期间E态度良好，但是沉默寡言，总是喜欢一个人独处。E总是觉得自己出去之后会受到歧视，干任何事情都没信心，有一种深深的自卑感，无法从这种情绪中抽离。

心理解读

自卑是指自己在与他人进行比较后，认为自己不如他人而产生的失败感以及贬低自己的心态。自卑心理受自我意识发展的影响，自我评价作为自我意识的组成部分是自我意识发展水平的重要指标。自卑心理的产生往往不是因为事实，而是因为对这些事实的评价。这些评价往往集中在以下三个方面。

自我认同感低。 由于长期吸毒，吸毒者往往受教育程度偏低，且在性格上存在偏差，心理调适能力差，不能正确、客观地认识和评价自己，没有树立正确的价值观和人生观，导致出现自暴自弃的现象。

身体机能差。 大多数毒品成瘾者因吸食毒品而身体机能受损，他们备受各种身体不适的煎熬，尤其是年龄较大的成瘾者，受年龄因素与毒品因素的双重影响，身体机能更差。

家庭的社会评价陷入危机。一个家庭的优良评价可能因为自己吸毒并被送入强制隔离戒毒所而荡然无存，在抬头不见低头见的邻居和亲朋的异常目光中，整个家庭的成员往往会自卑，戒毒者也会因此而更加自卑。

应对之道

有心理学家认为，每个人都有先天的生理或心理欠缺，这决定了每个人的潜意识中都存在自卑感。与此同时，他还认为自卑感是追求优越的动力，一个人能够存在自卑感，说明他向往更好的自己，这对个人来说是有助于自我提升的。适当的自卑感有利于个体发现自己的不足，追求上进，最终实现自我超越；而持续严重的自卑感则会损害个体的身心健康，影响到生活的各方面，甚至会演化成各种各样的心理障碍或心理疾病。长期被自卑笼罩的人，不仅会失去心理平衡，而且可能会诱发生理失调和精神病变。通过以下方法可以让自卑的人重拾信心。

正确、客观评价自己。现在请你拿出一张纸，在纸上写20条关于"我是谁"的信息，可以以"我是……"开头写自己的性格、兴趣、爱好、特长、外貌特征等，自由发挥，给自己限时10分钟。

写完后，看看自己能顺利地写出多少条，如果能完成20条，说明你的自我表达能力良好。看看是否既写了优点也写了缺点，是否既有对自己的客观描述也有对自己的主观评价，是否既写到了当下的自己也写了未来的自己。如果上述各方面都有涉及，那么你对自己的认识还是挺全面的。

扬长避短。当个体接连不断地受到挫折时，你会感到自己对一切事情都无能为力，进而陷入一种无助的心理状态，这种状态就是习得性无助。因此，你可以找寻自己的优势，并将其用于实际生活，比如你会做木工，那么可以做一些小巧的木制玩具，送给小朋友或者拿到市场上售卖，以此来不断提高自己的社会评价。

学会积极归因。个体将成功归因于能力和努力等内部因素时，就会感到自信、自豪，相反，将成功归因于运气等外部因素时，产生的喜悦和满足感会更少，且对之后的行为没有太大的影响。比如你可以觉得自己还不够努力，而不是觉得自己能力不行。

心理小贴士

习得性无助是指人在最初的某个情境中获得无助感，并在以后的情境中仍不能从这种无助感中摆脱出来，且将无助感扩散到生活中的各个领域。这种扩散了的无助感会导致个体对生活不抱希望。在这种感受的控制下，个体会因自己的无助感而不做任何努力和尝试。

感觉很累、很倦怠、很无趣，怎么办？

案例导入

40多岁的Q至今未婚，其父母均已过世，Q曾因吸毒被送至强制隔离戒毒所戒毒。出所后，Q找了份工作，能勉强维系日常生活。但过了几年之后，Q又经受不住诱惑，踏上了复吸的道路，第二次戒毒期间，Q感觉自己做什么都不行，觉得干什么事情都很累，生活也没什么意思。

心理解读

倦怠是一种因长期的过度压力而导致的情绪、精神和身体的疲劳状态，是压力的一种特殊情况。倦怠可以体现在学习、生活和工作中，即学习倦怠、职业倦怠等。心理学家认为，产生倦怠有三个方面的原因：第一，情感衰竭，指个体情感处于极度疲劳状态，热情完全消失，表现出疲劳感、烦躁易怒、容忍度低、敏感紧张等症状，在情绪上缺乏热情与活力，有一种无助感，对生活冷漠悲观；第二，去个性化，指个体以消极、否定、麻木不仁的态度对待生活，表现为逃避社会交往、不愿意与他人接触，甚至攻击他人；第三，个人成就感低，指个体不正确地评价自己的意义和价值，认为在生活中不再有什么值得去做的事情，感觉自己无法给自己的生活带来更大的变化，并倾向于贬低、损伤自己，最终生活一团糟。案例中Q倦怠的对象是戒毒所内的生活，主要体现在情绪和精神上。戒毒所内的作息是严格管理、高度重复的。部分戒毒人员，尤其是在社会生活中懒散惯了的人员，他们没有更高的精神追求，在戒毒所日复一日的重复工作中，很容易产生压力和无聊感，从而逐渐陷入倦怠。

 应对之道

正念减压疗法已被许多研究证明对工作、学习倦怠的修复具有较好的疗效。正念减压疗法是以正念为基础的集中性训练的压力管理方法，在训练过程中鼓励练习者运用自身内部的资源和能量积极主动地去关注自己，目的是使身体得到更大的放松，内心更加平和，生活得到更好的平衡。正念减压疗法主要有如下三种训练。

身体审视。身体审视是指将注意力逐步从脚部向头部转移，不带任何批判性地将注意力集中于身体每个部位的感觉和感受，同时注意有节奏的呼吸和身体放松的感受。

坐式冥想。呼吸或腹部随着呼吸而产生起伏，同时对思想中不断涌现的认知、想法以及分心事件进行客观的认识。

瑜伽练习。瑜伽练习包括呼吸练习和为了放松肌肉而设计的简单拉伸等练习。最初的正念减压疗法课程包含8周的练习，每周练习时长约2.5小时。

心理小贴士

倦怠如迷雾，阻碍我们前行。应对之法众多，首先要调整心态。反思目标与价值观，明确动机，告诉自己倦怠只是暂时，重拾生活热情。

改变环境也有效。去新地方旅行，拓宽视野；重新布置空间，增添活力。培养新兴趣爱好，如学新语言、尝试新运动等，唤醒自己的好奇心。

合理安排时间也很关键。制定科学时间表，保证休息和娱乐，避免过度劳累。学会放松，如可以进行冥想。

与他人交流分享也必不可少。向朋友、家人倾诉，听取他们的建议，获得他们的鼓励。加入兴趣小组，结识新朋友，汲取正能量。

面对倦怠，勇敢行动。通过调整心态、改变环境、培养兴趣、合理安排时间和交流分享，我们定能战胜倦怠，重焕活力，继续前行。

第二篇
认知过程篇

09 为什么有人会吸毒？

案例导入

案例1：M认为吸毒是一种新的生活方式，是时尚的表现，是高档生活、高档消费的标志，于是便开始吸毒。最后，他不仅盗卖了父母辛辛苦苦挣钱买来的房子、汽车，还因引诱同伴模仿"有钱人的生活"而犯罪。

案例2：2012年，X为了能在自己18岁生日当天花更多的钱，在朋友的唆使和巨额金钱的诱惑下，携带大量毒品与W等人汇合，在进行交易时被警方当场抓获。

案例3：自愿戒毒的小N说："他们告诉我，吸毒就像吸烟，没什么大不了的。吸后整个人都会很开心，还能减肥，我很好奇，于是就吸了。"

案例4：W在外面做错了事，被家人发现，因接受不了家长的严厉批评，于是产生叛逆心理，赌气吸毒上瘾。

心理解读

大量研究表明，个体的不良性格（如易冲动、自我控制力低等）、早期不利的成长生活环境、盲目好奇与从众心理容易使人接触毒品，染上毒瘾。

盲目追求时尚、刺激。好奇心人人都有，人们往往会对自己不了解、未体验过的事物感到好奇。但是，一旦听不进别人善意的劝解，人们往往会误入歧途。吸毒也是如此，有的人对毒品产生好奇，想体验吸毒的感受，认为自己身体素质好，吸一两次不会成瘾，结果却一发不可收拾。青少年群体极容易出现这种情况。因盲目好奇而吸毒成瘾的人，占吸毒人员总数的40%以上。吸毒人员尤其年龄偏低的初次涉毒人员，大多是为了追求刺激，渴望接触新鲜事物，渴望体验新的生活方式和新的生活内容。吸食新型毒品的人员更是将吸毒当作一种时尚潮流、自我炫耀和精神享受，在朋友聚会等场合中聚集在一起吸毒。

性格冲动。冲动的表现是做事鲁莽，不考虑后果。冲动既是吸毒的决定因素，又是吸毒的结果。有研究显示，冲动性高的性格易导致药物滥用，以及伴随而来的药物使用量的增加或调节异常。同时，药物滥用又会导致个体的冲动增强、吸食量增加。

延迟折扣模型提出，吸毒者为了体验药物的短暂陶醉效应或暂时缓解戒断症状，容易舍弃各种具有长远价值的个人及社会活动。临床研究发现，成瘾者一方面自愿接受药物戒除治疗，另一方面却无控制地维持药物使用行为，这种行为控制力的丧失可能与其冲动状态具有某种关系。

自我控制能力低。自我控制是指超越或改变个体内在反应和阻止并远离非期望行为倾向的自我能力。一个人缺乏自我控制能力可能导致消极行为。吸毒者的自我控制能力与复吸倾向呈显著的负相关，自我控制能力是复吸行为的重要影响因素之一，低自我控制水平的个体更容易产生物质滥用行为。有研究发现，与健康个体相比，成瘾者的自我约束力较弱。药物选择也与自我约束力有关。也就是说，自我控制能力低会影响戒毒效果，导致更高的复吸可能。

辨别能力差、认识薄弱。部分青少年吸毒者因为年龄小、受教育少，世界观、人生观、价值观尚未形成，认知能力和辨别是非能力有限，在不良环境的影响下，容易走上违法犯罪道路。初吸者对毒品的无知主要包括以下几个方面：一是缺乏对毒品的概念、特征、种类、功能等方面的知识；二是对吸食毒品的危害认识不足；三是对国家关于毒品问题的政策、法规不了解。

部分吸毒者认为吸毒有奇特功效，或认为吸食后能够增强某种生理功能，抱着试一试的态度加入到吸毒行列中。他们对毒品的危害性缺乏足够的认识，最终陷入泥潭而不能自拔，在"无知者无畏"的心理驱使下走上了不归路。

家庭关系不和睦。因家庭关系不和睦导致一方沾染毒品的吸毒者在总体上占有很大的比例，家庭关系紧张产生的孤独感、烦躁感、抑郁感、恐慌感直接影响家庭成员的未来发展。根据同一性理论，青少年正处于建立和发展自我身份的关键时刻，需要父母的关爱。但大部分青少年吸毒者的家庭并不和睦，他们缺乏父母的关爱与监督，再加上这个年龄阶段的青少年情绪不稳定，容易吸食毒品。

应对之道

选择或改变环境，控制注意力与冲动性。由于每个人在不同程度上都拥有注意力与冲动性，容易受无关刺激的影响。因此，我们应注重选择有益于学习、工作的良好环境，尽量排除娱乐、噪音等社会诱因与分心刺激的干扰，将注意力集中于每一个细小具体的任务内容上。此外，还要合理安排作息时间，树立远大和近期可行的目标，保持充沛的精力和良好的状态，避免因机体能量损耗而影响工作效率。

加强锻炼，提高自身控制力。有研究显示，30分钟的跑台训练、为期4周的跑步机训练、骑自行车配合力量训练、跑步机训练结合力量训练，都可对戒毒人员身体机能产生积极影响并降低其对毒品的需求量。高强度的运动能增强身体的气体交换能力，增强戒毒人员的心肺功能，降低毒品对人体有氧能力的伤害，同时提高机体的兴奋性和带来良好的自我感觉，增加某些神经递质的浓度，如内啡肽、肾上腺素、去甲肾上腺素、多巴胺和血清素等。这些物质能有效降低抑郁和焦虑水平，提升戒毒人员的睡眠质量。运动也可以提升肌肉力量，改善肌肉的功能与形态，进而解除人体对药物的依赖。

加强学习，避免盲从。我们要认真对待戒毒所和社区组织的毒品危害宣传，并积极参与其中，向他人科普自己所了解到的毒品危害，这样能使自己加深对毒品危害性的认知，警醒自己远离毒品。

加强个人成长，培育积极心理品质。积极心理品质是个体在潜能、环境及教育相互影响下，形成的一种相对稳定的正向心理特征，包括自信、感恩、适应性、抗压能力和自我激励等，这不仅对个体的心理健康至关重要，还对未来的生涯规划和职业成功起到关键作用。

下面列举两个提升积极心理品质的做法：

提升感恩水平。每晚入睡前，写下五件想感恩的事，这些事情可大可小，如一餐美食、与一个好友的畅谈、一个有意思的想法等。在每天写的过程中也许会出现重复的事情，但没有关系，重要的是在写的同时，感受当时的体验。当感恩成为一种习惯时，我们就会更加珍惜生活中的美好时刻。

提升幸福感。认真、用心思考并回答以下三个关键问题（要注意顺序，看一下自己写的答案，找出其中的交集）

问题一：什么能带给我意义？

问题二：什么能带给我快乐？

问题三：我的优势是什么？

心理小贴士

曼陀罗涂色卡

在我国的临床实践应用中，曼陀罗涂色常被用于缓解焦虑、抑郁，提高心理健康水平。已有研究证明，曼陀罗涂色能显著降低个体的焦虑情绪，提高自我控制水平，减少吸毒者对毒品的关注。

在进行曼陀罗涂色时，我们可以专注于选择颜色和涂抹的过程，这有助于放松身心，减轻压力和焦虑。它能让我们的注意力从日常的烦恼和压力中转移出来，进入一个专注而宁静的状态。同时，不同的颜色选择可以反映出你的情绪状态和内心世界。通过对曼陀罗的涂色，你可以更好地了解自己的情感和潜意识，促进自我认知和成长。这种方式简单易行，不需要专业的绘画技能，适合各个年龄段的人尝试。

10 为什么戒毒这么难，这么苦？

案例导入

戒毒人员Q，40岁，初中毕业，离异，2000年开始吸毒。Q亲身体验和经历了毒品对自己身心造成的伤害，意识到了毒品的危害，并尝试过多种戒毒方法。但在短暂的戒断之后，Q又重新吸毒。由于Q反复吸毒，家人对其丧失信心，基本上对Q不管不问。Q情绪低落，对待学习、劳动、生活、工作等都持消极态度。

心理解读

戒毒是一个漫长而艰巨的任务，短时间内停止吸毒并不算是真正的戒毒成功，完整的戒毒治疗包括生理脱毒、心理脱瘾、康复治疗、回归社会等几个环节。然而大多数吸毒者止步于第一环节，痛不欲生的戒断反应每时每刻都在动摇或是摧毁他们的戒毒念头。比如本案例中的Q，明明已经认识到了毒品的危害，却无法摆脱毒品。

在了解毒瘾为什么那么难戒之前，就不得不先说毒品为什么会让人上瘾。在我们的大脑中存在一个"奖励系统"，每当我们做出某种行为后，大脑奖励系统中的伏隔核就会对我们的行为进行判定，如果这一行为对我们的生存繁衍有利，那么伏隔核就会将这一行为判定为"奖励"，并将这一判定结果传递到大脑奖励系统的中脑腹侧被盖区，中脑腹侧被盖区会根据伏隔核的判定结果来释放多巴胺。而多巴胺与人们的动机、欲望有关。在某种情况下，人们的一些行为会让多巴胺大量分泌，那么以后在类似的情境下，人们就会不由自主地采取同样的行动。

举个例子，一个人在非常饿的情况下吃了一块面包，吃东西这一行为是有利于我们生存的，因此伏隔核会将吃东西判定为"奖励"，并且将"奖励"这一结果传给中脑腹侧被盖区，中脑腹侧被盖区再大量释放多巴胺。因此，当下一次再感到饥饿时，人们会产生很强烈的吃东西的欲望。那为什么毒品会与大脑的奖励系统扯上关系呢？这主要是因为毒品非常霸道，它会直接劫持大脑的中脑腹侧被盖区，并强迫其释放大量的多巴胺，从而使吸毒者产生极其强烈的吸毒欲望和动机，使吸毒者一而再、再而三地吸毒。在正常情况下，大脑释放出的多巴胺都会与多巴胺受体结合，从而发挥多巴胺的作用。但大脑在毒品刺激下释放的多巴胺太多，没有那么多受体与它们结合，所以剩余的多巴胺会游离在大脑中，使得大脑中的多巴胺浓度急剧升高。多巴胺浓度过高不仅会增强吸毒者的吸毒欲望，更会使吸毒者的情绪不稳定（多巴胺有兴奋的作用，过多则会使人脾气暴躁，情绪波动过大，对外界刺激过于敏感）、心律失常（多巴胺过多会使人的神经过度兴奋，心脏跳动过快，对心脏功能造成影响）、失眠焦虑（大脑过于兴奋，影响正常休息，即使在夜间，哪怕身体疲劳，但是大脑还在活动，睡眠不足又会导致患者白天精神不足，感到焦虑，形成恶性循环）等。

更严重的是，当吸毒者的大脑适应了每次吸毒产生的大量多巴胺后，一旦停止吸毒，大脑的多巴胺浓度就会降低，那么吸毒者会出现非常严重且痛苦的戒断反应，迫使吸毒者再次吸毒。这也是为什么许多戒毒者明明知道毒品的危害，却还是忍不住复吸的原因。

应对之道

迁移治疗法。戒毒人员成功戒毒回归社会后难免会受到先前的环境、熟人（尚未戒断的人）以及过往记忆的影响，产生复吸心理，因此戒毒人员离开此前日常生活的区域，进入一个全新、健康的生活环境是永久性断药的首选疗法。

支持疗法。戒毒人员往往会缺失成功戒毒的信心，因此在治疗和生活中要有家人或朋友的积极鼓励和支持。家人或朋友要肯定其戒毒成绩，并指出戒毒人员潜在的优点、特点、能力，增强他们成功戒毒的信心。

团体心理疗法。团体心理治疗强调通过集体关系的功能来解决与处理心理困扰。当感受到无力和痛苦时，积极参加到社会组织活动之中可以帮助戒毒人员感受到集体支持和归属感，提高社会适应能力，更快地融入社会生活。

心理小贴士

戒毒难受怎么办？

精神科医师指出，很多患者在戒毒之后的第一个星期和第二个星期都会出现很难受的感觉。这种难受包括全身的不适感，比如头痛、腰痛、耳鸣、手足疼痛、全身乏力等，还有的患者会出现焦虑、抑郁等症状。针对这类患者可以先进行药物治疗，如可以采用心境稳定剂，缓解患者的焦虑、烦躁等不舒服的感觉；也可以使用抗焦虑的药物缓解患者的不适感。在使用药物的同时，患者也可以进行自身的调节，比如可以让自己的生活更加规律，参加各种社会活动，进行适当的运动，从事一定的工作，这可以分散自己的注意力，不让自己总去关注自身的不适感，从而减轻因戒毒而产生的戒断反应。

11 是毒品绑住了我还是我离不开毒品？

案例导入

戒毒人员S，高中学历，曾听朋友说吸毒后很过瘾，于是他抱着尝试一下的想法去吸食了毒品，后被公安机关抓获。S曾因吸食毒品成瘾被多次送往强制隔离戒毒所。出所后因为家庭变故，再加上工作上一直不顺心，S感觉生活压力大，于是又一次选择用毒品麻痹自己。

2017年，S因再次吸食毒品被强制隔离戒毒两年。此次强制隔离戒毒期间，S对未来的生活不抱希望，感觉这辈子已经离不开毒品了，所以其戒断态度不积极，变得内向、孤僻、少语。

心理解读

案例中的S吸毒多年，曾多次尝试戒毒，似乎又难以做到彻底戒断，这到底是毒品绑住了S，还是S离不开毒品呢？众所周知，毒品对人的危害是巨大的，其中之一就是会让人产生强依赖性。那么为什么毒品会让人产生这么强烈的依赖性呢？

毒品特殊的病理作用。 人脑中存在内啡肽、阿片肽等物质，它们可以维持人体的正常生理活动。但吸食毒品会导致外来的内啡肽物质进入人体，使人产生强烈的精神刺激作用，并带来短暂的愉悦、欣快感和满足感，与此同时，毒品也会减少并抑制自身内啡肽的分泌。长此以往，人体自身产生内啡肽、阿片肽等物质的能力就会减弱甚至丧失，最后就只能靠外界输入来维持人体正常的生理活动。一旦停掉毒品，生理功能就会发生紊乱，出现一系列戒断反应（通常表现为强烈身体不适、恶心、腹痛腹泻、失眠、暴躁易怒等），让人非常痛苦。

毒品的奖赏效应。 毒品作用于人体后所产生的飘逸感、亢奋状态等能够满足依赖者心理需求，这种奖赏效应能促使吸毒人员沉浸在欣快感中。此外，停止吸食后，吸毒者会出现痛苦的戒断症状，所以他们总是会惦记着吸食毒品所带来的那种短暂的快乐。

戒毒者的人格特征。 一些研究发现吸毒者存在一定的人格缺陷，如缺乏责任感，缺乏奋斗目标和积极向上的进取精神，缺乏自我控制，具有冲动性和攻击性。

戒毒者的心理特征。 吸毒人员存在着一些共同特征，如受教育水平偏低，心里空虚，抱着得过且过的生活态度，稍遇不顺心的事容易怒火中烧，有较强的逆反心理和冒险性等。

触景生情。 戒毒者只要回到原来的环境，曾使用过的吸食工具、居住的地方、毒友甚至做梦都可能成为暗示诱发的线索，使其触景生情，刺激戒毒者想到毒品及其带来的欣快感受。

应对之道

自然戒断法是指强制中断吸毒者的毒品供给，仅提供饮食与一般性照顾，使其戒断症状自然消退而达到生理性脱毒的一种戒毒方法。

非药物戒断法是指用针灸、理疗仪等工具来减轻吸毒者戒断症状的一种方法。其特点是通过辅助手段和心理暗示减轻吸毒者戒断症状痛苦达到脱毒目的。需要提醒的是，戒毒没有灵丹妙药，吸毒者不要迷信或幻想有什么戒毒的特效药，只有下定决心进行科学的综合治疗，才能彻底摆脱毒瘾。

毒品对人体的危害是巨大的，尽管现在有多种戒断方法，但如果个体情绪不好，压力难以排解，就极易再次走上吸毒的道路。按摩穴位可以达到局部经络通畅、改善个体紧张或者其他不适感的目的。按摩方法最常见的是按摩百会穴。百会穴一般是位于两朵耳尖连线与头顶中线交叉点。一般平卧在床上用右食指和中指揉百会穴，会让人更加放松。另外还可以按摩神门穴，神门穴一般位于手腕关节尺侧端，可将一只手的中指和食指紧紧并拢，对另外一只手的神门穴进行按摩，也可以让整个人更加放松。

心理小贴士

经典条件反射与吸毒成瘾机制

经典条件反射是指一个刺激A和另一个带有奖励或惩罚的无条件刺激B多次联结后，可使个体在只看到刺激A（即使没有奖励或惩罚）时仍然会作出类似刺激B出现时的反应。比如，成瘾者多次使用针管吸食药物以获得短暂的快感后，针管A与快感B就会形成联系，因此，只要再次看到针管或针管刺入静脉（没有任何药物或安慰剂）就会产生与使用药物类似的快感。这就体现出迁移治疗法的重要性，戒毒者在成功戒毒后，要远离曾经熟悉的生活环境以及吸毒的旧友，否则极易被其他事物引诱而再次吸食毒品。

12 感觉生活中充满毒品诱惑怎么办？

案例导入

某戒毒人员说："即使我已经戒毒多年，但当我听到或看到和我之前吸毒很相似的物品或事件时，我的注意力总是会不由自主地被吸引过去，甚至在心情不好的时候看到那些相似的物品又会有复吸的冲动。为什么我感觉生活中到处都充满了毒品的影子呢？为什么我只是看到相似的物品就有想要复吸的冲动呢？"

心理解读

毒品成瘾的一个显著特征是吸毒者对毒品以及毒品相关线索在脑内抢先加工，这可以被认为是一种注意偏向。这是因为成瘾者对药物和药物相关线索产生了全神贯注的注意，即对这些线索存在显著的注意偏向，这种注意偏向是药物相关刺激引发成瘾者的渴求感与复吸行为的关键性认知中介。当毒品成瘾者对毒品线索存在注意偏向时，相对于其他信息，关于毒品的线索更容易吸引成瘾者的注意力，并且成瘾者会在这些线索上花费更多时间。

根据激励敏化理论，吸毒者会对毒品和毒品相关的信息（即诱因）高度敏感，也就是说，只要吸毒者看到毒品或者毒品的相关信息（比如毒品图片），就会选择性地将注意力放到这些信息上，并产生强烈的吸毒渴望。对成瘾信息刺激的注意偏向是导致寻求成瘾药物和出现复吸行为的原因之一，注意偏向被视为是物质成瘾的一种核心认知特征，其不仅仅是一种对成瘾药物产生好奇行为的附带现象，还反映了药物依赖导致的病理性变化。

在心理角度方面，成瘾者对成瘾相关线索的注意偏向可能引发药物渴求和复吸行为。成瘾相关线索可以是环境的或内部感受的。例如，当戒毒者遇到与早期吸毒有关的场所、人和吸毒工具时，复吸的风险就会增加。其实，许多戒毒者从强制隔离戒毒所出来，回到原来熟悉的环境后，常常会因为心情不好，或者见到以前一起吸毒的人而发生复吸，这些都是诱发戒毒者再次吸毒的线索。毒品相关线索（吸毒器具、环境、旧友）对吸毒者有着莫大的吸引力，这种吸引力就像是饿狼看见了肥羊，让人难以抑制自己的欲望。研究人员发现，戒毒者在看到相关信息时，左背外侧前额叶皮层被激活，且激活的程度与治疗前后药物渴求的改变呈正相关。且由于对毒品的耐受性，吸毒者未摄入一定剂量不仅得不到欣快感，反而会产生烦闷、苦恼等消极情绪，而不吸又会有难熬的戒断症状。

诱因-易感化模型指出，个体长期重复地使用成瘾物质，其伏隔核相关的脑系统功能会发生改变，形成多巴胺能效应。当成瘾物质不断重复地刺激大脑时，会激活大脑中通常与食物、求偶、危险等重要刺激相关的动机系统，长此以往，大脑会误以为这些药物和相关刺激是一种生物性需求。通过反复地吸食成瘾物质，这种联结越来越牢固，成瘾物质的长期刺激使大脑对成瘾物质及其相关线索变得越发敏感。

应对之道

注意偏向矫正。注意偏向矫正是改变认知的方法之一，因此，进行控制注意训练可以作为干预复吸的方法。保持良好的作息习惯，做喜欢和感兴趣的事都能培养你的专注能力。比如你可以去吵闹的地方读自己喜欢的书籍，控制自己不受周围环境影响，保持心态平和，或是适当让自己冷静思考，可以尝试静坐、闭目、冥想等，让自己集中注意力。

生理-心理放松反应。通过引导自己进入专注状态之后进行自我催眠，诱导出生理-心理放松反应。在一个安静、明亮、开阔的场所，配以柔和的音乐。具体步骤如下：

一是姿态调整。调整并保持端正的姿态，姿态主要分为坐姿、站姿、卧姿，一般以坐姿为主。而坐姿又分为双盘坐、单盘坐和散盘坐。三者皆须保持上身挺直，而下身姿势则有所区别。双盘坐是双腿盘坐，双脚置于膝上，脚心朝上；单盘坐是双腿盘坐，双脚分别置于膝上与膝下，脚心朝上；散盘坐是双腿盘坐，双脚置于膝下，脚心朝外。双盘坐时，腿脚肌肉紧绷，会使下身回暖，而盘坐时暖流由下至上，所以长时间盘坐，会有热量充盈之感。因此，为保证效果，应当尽量保持双盘坐。考虑到戒毒人员身体柔韧性较差，也可单盘坐。

二是呼吸调整。姿态调整完毕后，应当进一步调整自己的呼吸方式，即深慢呼吸。呼吸时，全身放松，调节呼吸节律，进入腹式呼吸。吸气时膈肌下降，腹壁外移；缓慢呼气时膈肌上升，腹壁内收。吸气、呼气时长比例约为1∶2.5，频率约为平静呼吸的2/3。想象吸气时吸入清新的空气和大自然中所有积极的能量，呼气时将所有的烦恼和压力排出体外，而后将呼吸放慢，将所有的注意力都集中到鼻孔这个位置，注意气息从鼻孔一出一进的感觉，专注到仿佛感觉不到身体的存在或好像身体在云端，深入体会这种入定之后全然的放松感。

三是感觉调整。呼吸调整平缓后，应当尝试将自身注意力集中，全心感受身体的状态变化。腿脚麻了，就全心体会这种"麻"的感觉；腰背酸了，就全心体会这种"酸"的感觉；臂膀痒了，就全心体会这种"痒"的感觉。在专注的过程中假如有情绪、噪音产生，应让自己的注意力回到呼吸上，想象气体从哪些部位流过，并带走了这些情绪、噪音。长久静坐极易产生倦怠、厌恶心理，所以要通过体会身体感觉的变化来抵抗消极心理或负面情绪。

心理小贴士

为什么吸毒者会对毒品产生更多的注意力呢？了解一下心理学中的鸡尾酒会效应，你有可能就会明白。

鸡尾酒会效应是指人的一种听力选择能力。在这种情况下，我们的注意力集中在与某一个人的谈话之中，而忽略背景中其他的对话或噪音。例如，当我们和朋友在一个鸡尾酒会或某个喧闹场所谈话时，尽管周边的噪音很大，我们还是可以听到朋友说的内容。同时，远处突然有人叫自己的名字时，我们会马上注意到。又比如，在周围交谈的语言都不是我们熟悉的方言时，我们可以注意到较远处以熟悉方言说出的话语。换句话说,我们的大脑对其他对话都进行了某种程度的判断,然后决定是否接收。

鸡尾酒效应提醒吸毒者,在日常生活中难免会看到引起你注意的与吸毒相关的事物,由于先前的成瘾导致你对吸毒相关信息有更多的认识甚至是有某种短暂的快感,因此在面对众多信息时你总是能优先听到或看到你所熟悉的吸毒的相关信息,这时候你需要控制自己的注意力,避免对它们过多关注,防止出现复吸行为。

13 为什么吸毒后会产生幻觉？

案例导入

28岁的某女子和朋友一起到别人家做客，在主人的盛情邀请下，当夜三人一起吸食毒品。随后，女子回到家中没多久便出现了幻觉。

心理解读

如果把大脑比喻成树干，那么被毒品侵蚀后的大脑，就像是被掏空的树干。大脑一旦"被掏空"，人的情绪、思维和感受等都会受到影响，就算存有一点意识，也很难控制住自己的行为。人在吸毒后会行为失控，失去理智，认为自己做什么都是对的，这往往是由吸毒导致的神经系统受损以及个体的冲动性特质而引起的。

神经系统受到损害。当人吸食毒品后，毒品对人脑的神经中枢产生刺激或麻痹作用，甚至出现损害，导致人出现感知障碍、思维障碍和意识障碍。神经信号的传导被破坏，人就会出现虚假的幻觉，对自己的行为不能进行正确的认识和控制。也就是说，在吸毒后，因毒品作用于中枢神经系统，干扰了正常信号的传导功能，从而导致个体辨认能力和控制能力暂时减弱或丧失。

冲动性特质。吸毒者的冲动性特质表现为思维易受外界刺激和内在心境的影响，注意力涣散，缺乏专注性，缺乏充分的思考，致使行为陷入无序与被动。实验发现，相对于延迟奖赏，吸毒者更倾向于选择即时奖赏，这说明吸毒者认为延迟奖赏的价值较低，他们宁愿选择能够立即得到满足的较少奖赏，这表现出其决策行为的高冲动性特征。因此在吸毒后获得较少的奖赏时，吸毒者所做出的决策行为是冲动、草率、缺乏思考的。

应对之道

防止出现吸毒后的失控行为的最佳方法就是远离毒品，戒断毒品。学习与运用心理学中的情绪调控法可以帮助戒毒者有效戒毒。戒毒不仅需要依靠毅力和意志力，还需要培养吸毒者的自我调控能力。情绪控制训练可以有效地帮助吸毒者加强自我调控能力，学会自我心理调节，用自身的意志力抑制对毒品的渴求，把不良心理状态转化为良性心理状态，远离毒品，拒绝毒品的诱惑。具体做法如下：

承认负面情绪。认真观察内在的自己，体会此时此刻自身的负面情绪，告诉自己允许这个情绪在身体中存在，用更多的耐心去梳理引起负面情绪的事件，但不要长期沉浸于消极情绪中，可以通过转移注意力或发泄内心不快走出消极情绪怪圈。

调整作息。为自己制定一套有规律的作息表，上午10点到下午2点这一段时间空气相对较好，可以安排一些活动或者亲近自然。有规律的生活与工作能减少独自空想的时间，同时可以保持充足的体力和良好的精神状态，这在很大程度上可以减少负面情绪。

不要压抑自身情绪，学会适当表达。压抑自身的消极情绪会使得消极情绪无法得到释放，这会对我们身心造成很大的影响。我们要在合适的时间点向合适的人去表达负面情绪。

心理小贴士

吸毒后脑损伤会恢复吗？该如何恢复呢？

脑科医师指出，要想脑损伤得到恢复，首先肯定是要戒毒，如果患者反复地吸食毒品，对其大脑的损伤是会持续存在的。

其次，医生需要根据患者具体情况来进行对症处理。比如当患者出现幻觉、妄想等精神症状时，医生可以使用一些控制精神症状的药物，来帮助患者的脑神经递质恢复稳定；当这个患者出现脾气暴躁、冲动、情绪难控制的症状时，医生可以使用一些情绪稳定剂；当患者出现情绪低落、消沉的症状，甚至出现悲观、厌世、自杀的想法或行为时，医生可以使用一些抗抑郁药物。总之，吸毒患者的各种情绪精神问题需要到专业的医院或者科室去进行专业治疗，以便更好地恢复健康。

最后，除了药物治疗外，患者还可以进行一些物理治疗，如经颅磁刺激、慢性小脑电刺激等，同时可以吃一些中药，并辅助针灸或理疗仪进行治疗。

14 为什么吸毒后身体没以前好了？

案例导入

L是"80后"，他很早就外出做生意了，由于头脑灵活肯吃苦，经过几年的打拼，挣下了上百万的家产，让同龄人羡慕。

优越的条件及朋友间的相互攀比，使无知、好奇的他错误地认为吸毒是有钱人的一种生活方式，从此染上了毒瘾。妻子好言相劝，可他认为拿自己的钱吸毒，不偷不抢，不是犯法，这就致使身体素质变差甚至疾病缠身。正是这样的人生观、价值观导致他家产耗尽，全家天天为日常开销而发愁。心灰意冷的妻子选择了离家出走，只留年幼的孩子和七旬的父母在家中。

L患有哮喘、慢性胃肠炎等多种疾病，血压高，心率快。心理测试显示他属于偏执型人格，焦虑情绪严重，缺乏自我认同，对生活丧失信心，还流露出悲观厌世的思想情绪。

心理解读

吸毒对身体有很大的危害，最大的危害就是损害人的大脑，影响吸毒者的中枢神经系统功能，还会影响心血管系统、呼吸系统的功能。而且吸毒会使人的免疫力下降，容易感染各类疾病，丧失劳动能力。具体包括以下五点。

中枢神经系统受损。思维、情绪、记忆、意志等都归大脑中枢管理，毒品会扰乱中枢神经系统，让吸毒者出现思维逻辑混乱、出现被害妄想等精神分裂症的症状。具体表现为记忆力下降，什么事都不想干（连门都不想出），情绪失控，易怒，等等。

免疫系统受损。毒品会杀死一部分免疫细胞，导致吸毒者的免疫力下降。普通人感冒可能恢复得快，吸毒者则恢复得很慢，而且还有可能患肺炎、肺癌。

泌尿系统受损。毒品会形成一些结晶，要排出体外，必须经过肾、输尿管、膀胱、尿道，这些结晶在所经之处容易诱发炎症，表现为尿频、尿急、尿痛、尿血等症状。

心血管系统异常。合成毒品卡西酮，即"浴盐"，在滥用者中最常见的不良反应和毒性作用有心血管症状、神经系统异常以及器官衰竭，具体表现为心动过速、心搏骤停、视觉障碍或感觉异常、横纹肌溶解症和肾衰竭等。

睡眠功能紊乱和食欲下降。苯丙胺类药物在发挥中枢兴奋作用的同时，会抑制吸毒者的食欲和睡眠，长期吸食会导致依赖者出现精力不足、注意力涣散和萎靡不振的症状。

应对之道

马上寻求帮助。无论是身体健康还是心理健康出现异常的时候应及时寻求帮助。由于毒品的危害性较强，如果你感受到身体不适，应及时就医，防止复吸。

锻炼身体，提高身体素质。由于对毒品的依赖，戒毒者在刚戒断的时候，难免会产生戒断反应，此时更应转移注意力，加强自身锻炼，这样不仅可以克服戒断反应，同时也能增强自身免疫力，防止其他疾病找上门来。戒毒者适合进行全身性低强度动态运动，每次运动时间不要过长，不要强调运动量，不要透支自己的身体。

学习不同的瑜伽体式可以舒展身心，有效提高自身免疫力，可参考以下体式进行运动。

跪姿婴儿式——促进血液循环，保护身体关节。臀部尽量坐在脚后跟上，将胸腔和腹部完全放在大腿上，双手放于臀部两侧，额头自然接触地面，这样我们的背部和脊柱才能更好地舒展开。随着呼气，尽可能让臀部向脚后跟的方向去坐，这样可以让拉伸的强度增大。

眼镜蛇式——减轻压力和焦虑，改善颈部与背部疼痛。俯卧在垫面上，双手放在胸部的两侧，双腿并拢。随着呼气，双手向下推地面，抬头挺胸，脊柱向前向上延展，胸腔打开，伸直双手臂，腹部内收，臀部微微向两侧打开，延展腰椎，双肩远离耳朵，把身体的重量放在双腿和手掌上。

心理小贴士

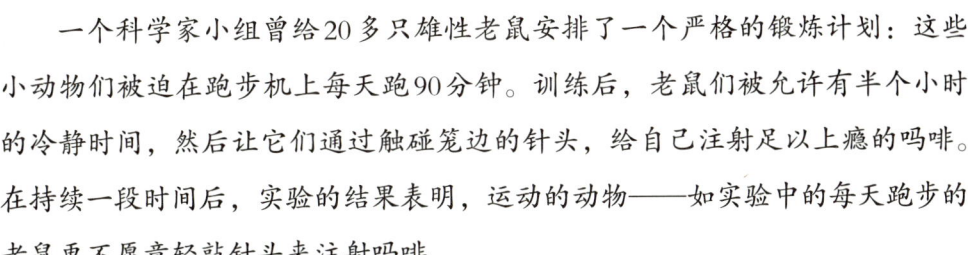

一个科学家小组曾给20多只雄性老鼠安排了一个严格的锻炼计划：这些小动物们被迫在跑步机上每天跑90分钟。训练后，老鼠们被允许有半个小时的冷静时间，然后让它们通过触碰笼边的针头，给自己注射足以上瘾的吗啡。在持续一段时间后，实验的结果表明，运动的动物——如实验中的每天跑步的老鼠更不愿意轻敲针头来注射吗啡。

同样的道理，使用毒品问题的人可能会从体育锻炼中获得同样的好处。习惯性吸烟者说，他们在去健身之后，戒断症状和对香烟的强烈渴望更少了，即使是轻微的锻炼和伸展运动也能帮助吸烟者减少吸烟次数与频率。

因此，戒毒人员可以在身体可承受范围内做些运动，除了传统养生类的体育运动项目外，也可尝试更多的有氧、无氧运动，这样能改善心肺功能，提高肌肉质量，促进新陈代谢和腺体激素的分泌。

15 为什么吸毒后我的睡眠质量变差了？

案例导入

某女性戒毒人员C，因受贩毒男友的影响走上吸食毒品的道路。社区戒毒期满后，也曾有过较长时期的幸福生活。但好景不长，C因夫妻感情不和，想要用毒品麻醉自己，逃避现实，结果因再次吸食毒品被强制隔离戒毒两年。入所后，本身便极度缺乏安全感的C情绪更加低落。因环境的不适应以及性格内向，C常常一个人在房间里发呆，睡眠质量也比较差，经常半夜梦到与丈夫吵架的场景，然后惊醒，惊醒之后便睡不着了。

心理解读

睡眠是在大部分生物中普遍存在的自然休息状态。研究表明，规律的睡眠是生存的前提，也是人体的一种保护机制。睡眠占了人生的三分之一，可以说睡眠的好坏是衡量生活质量好坏的基础。尽管睡眠很重要，但睡眠质量变差是吸毒人员普遍存在的问题。比如案例中的C，进入戒毒所以来，心中烦闷，晚上经常睡不着觉，白天也没精神。其实，造成吸毒者睡眠质量差的原因有很多。

首先，毒品会损害人们的神经系统，导致睡眠障碍。长期持续性地吸食毒品，会反复使大脑神经处于兴奋状态。久而久之，即便戒毒后，吸毒者大脑的神经系统也难以完全恢复，从而持续出现兴奋的状态，久久不能入睡。

其次，吸毒者长期生活作息不规律会导致睡眠质量变差。不少吸毒者经常日夜颠倒，生物钟混乱。停止吸毒后，他们很难按照正常人的作息时间休息，以致晚上睡不着觉，甚至整夜不眠、心情不好，从而又想吸食毒品。要想打破这个恶性循环，必须进行科学的治疗。

最后，消极情绪也会导致睡眠质量变差。大部分吸毒人员在戒毒期间都会出现或多或少的消极情绪，比如焦虑、恐惧、抑郁等，这些消极情绪是引发睡眠障碍的重要因素。而且，长时间的睡眠障碍又会导致戒毒人员出现焦虑、烦躁等不良情绪，甚至会患抑郁症，从而导致精神状态较差，陷入"消极情绪—睡眠障碍—消极情绪"的恶性循环之中。

应对之道

毒品会让个体的精神处于高度紧张中，进而导致睡眠质量变差。经常睡眠不好，会影响生活与工作，从而导致焦虑情绪出现，焦虑情绪又会影响睡眠，形成恶性循环。那么，面对睡眠质量变差的问题，我们应如何调理呢？

远离毒品。从根源上消除睡眠质量变差的问题，同时关注自身情绪，思考自己在什么状态下会想要使用毒品，要勇于面对问题、情绪，而不是借用毒品来逃避。

调整睡姿。有的人习惯于仰卧，这种睡姿并不能达到全身休息的目的，而且会让人有一种胸闷的感觉，容易影响睡眠。还有的人习惯俯卧，这会压迫心脏，也会影响睡眠质量。所以睡眠质量不好的人，可以采用右侧卧的方法，让自己睡得更香一些。

晚餐不要吃得太饱。有的人晚饭吃得太饱，导致肠胃负担加重，这时肠胃会把这些信息传递给大脑，容易导致失眠多梦的症状，时间长了还会引起神经衰弱，所以晚餐一般要少吃。

睡前放松。在睡觉前可以用热水泡脚，这不但可以促进血液循环，还能有效地缓解疲劳，让身体得到放松。睡觉前要避免胡思乱想，要放空大脑，这样也能让自己尽快进入梦乡。还可以在晚上睡觉前，适当地听一些舒缓的音乐，放松自己，以改善睡眠质量，延长睡眠时间。

创设良好的睡眠环境。首先要保证房间较暗，因为光会抑制促进睡眠的褪黑激素的分泌。在较亮的环境下，即使你闭上眼睛，光线还是会影响睡眠的。其次，要让卧室适当凉爽，降低卧室的温度可以助眠。最后，卧室里需要营造出安静的氛围，不要在卧室贴艳丽的壁纸，或者刷霓虹色彩的墙壁。

养成良好的睡前习惯。睡前不要喝含有咖啡因的饮料，比如茶、咖啡等，不进行剧烈运动，不看手机，不玩电子游戏，避免大脑处于兴奋状态。睡前进行阅读、听轻音乐等活动，则更能助眠。

总之，拥有良好的睡眠有助于提升身体机能。具身认知理论认为，认知的过程受到身体与环境的共同影响，生理体验与心理状态之间有强烈的联系。当戒毒者的身体机能得到恢复，能够感受到积极、愉悦的情绪时，其自信心和自我效能感也能得到一定的提升。

心理小贴士

睡前做"心理体操"，放松全身肌肉，能更好地促进睡眠。步骤如下：

①摘除身上的手表、戒指等一切穿戴装饰用品。

②将头和颈部放在枕头上仰睡，不要将肩膀放在枕头上。

③把双腿微微向两侧展开。

④让双手轻松地、自然地稍稍离开身体。

⑤放松脸部、手部、腿部的紧张感。

⑥采用腹式呼吸，慢慢地呼气，再深吸一口气，慢慢地闭上眼睛。

⑦让双手、双脚和腹部呈放松状态，心中默默地数着"1，2，3"或者默念着"双手温暖了，双脚温暖了，肚子温暖了"，重复5—6遍。

⑧按照开始的要领进行2次深呼吸，然后睁开眼睛。

⑨反复重复⑥—⑧的做法，直到你睡着。

16 为什么吸毒后记忆力下降？

案例导入

W因吸食毒品导致智力衰退，记忆力明显下降，行为反应较为迟钝。他在队列动作训练时，经反复训练后仍不能做出标准动作，回答问题时常出现口齿不清、答非所问的现象。同时，他消极对待习艺劳动，经常以"智力障碍，反应慢，学不会，太复杂"为借口拒绝劳动。因他不能按时完成习艺劳动任务，其他学员也不愿与其交往。

心理解读

记忆力是人记住曾经发生的事情或者事物的能力，记忆力严重下降的人可能会遗忘从前熟悉的人或事，更严重者甚至会出现痴呆。

毒品对吸食者身体伤害巨大，易造成惊厥、震颤麻痹等神经系统病变，长期吸食会导致神经系统有不可逆的损伤，脑部细胞坏死，从而引起智力衰减、记忆力变差、思维混乱。案例中的W因吸食毒品，致使其大脑神经受到严重影响，智力下降，口齿不清，表达存在障碍，记忆力、思维能力与决策能力受到了严重的影响，难以理解他人话语并给予一定的反馈，进而这对教育矫治工作产生了很大的阻碍。从本案例中可以看出，毒品对大脑的损害非常大，长时间吸毒会使大脑萎缩、智力受损，从而导致记忆力变差。

 应对之道

如前所述，毒品会对大脑产生极其严重的损害，导致戒毒人员有记忆力变差、思维混乱、智力下降等问题。在戒断过程中，戒毒者可以从以下四个方面恢复与改善记忆力：

戒断毒品。血液里的毒素是需要慢慢经新陈代谢后排出人体之外的，因此戒毒者的首要任务是远离毒品、戒断毒品，之后再采取各种措施来提高自身的记忆力。

改善生活方式。饮食要清淡，保证充足的睡眠，不要熬夜。通过适当的运动来锻炼记忆功能。饮食上还可以多吃一些有助于补充大脑营养的食物，比如黑木耳、银耳、核桃、大豆等，这些有利于脑细胞生长发育的食物蛋白质含量较高，有助于改善记忆力。

正确进行自我调节。要保持乐观的情绪和积极向上的心态，要学会自我减压，保持身心健康。

开展脑力训练。一些脑力训练活动，如解谜游戏、数学题等，可以刺激大脑活动，提高记忆力和思维能力。此外，某些认知增强训练也可以起到提高记忆力的作用。

心理小贴士

如何记忆？人们看到或听到的信息得到注意与学习后会进入短时记忆，但是如果得不到及时的复习，记住的内容就会被遗忘；相反，如果经过及时复习，这些信息就会由短时记忆变为长时记忆，在大脑中保持很长时间。比如，在日常生活中，我们要把电话号码转述给另一个人时就需要不断默念，传达给

另一个人之后，我们就会逐渐遗忘这串数字；然而我们能够长时间记忆熟悉的电话号码，这是因为我们在反复使用的过程中不断加强了对这串数字的记忆。因此这些信息进入到长时记忆就很难被遗忘了。

　　了解心理学中的艾宾浩斯遗忘曲线，可以帮助我们更好地了解记忆与遗忘。

　　艾宾浩斯遗忘曲线指出，人的遗忘是有规律的，遗忘不是今天忘记一些信息，明天忘记一些信息，而是在记忆的最初阶段遗忘得最快，后来逐渐减慢，过了很久一段时间后便不再遗忘。一开始我们可以记住100%的信息，但是过了1天后，就只能记住75%左右，过了1周则只能记住50%，但如果及时复习，即使过了1周仍然可以记住75%左右的信息。这就是遗忘规律——先快后慢。因此如果你想牢牢记住一些内容，学完后的及时复习是极为重要的。

17 为什么心情不好的时候想复吸？

案例导入

案例1：戒毒人员J说："我去年结婚，家里有个年仅5个月大的女儿，与妻子的关系一直不好，最近妻子在跟我闹离婚，我心情不好，就想着用吸毒来麻痹自己。"

案例2：戒毒人员L说："我一直都有戒毒的念头，可是几天不吸我满脑子都是吸毒的想法，就会焦虑不安，提不起精神，身心疲惫，可晚上却怎么都睡不着，易怒且情绪不稳定，一会儿情绪暴躁，一会儿又情绪低落。而且，身体上的一些恶性变化，也让我有点吃不消了，唉……"

心理解读

情绪是指一个人对客观事物是否符合自己的需要而产生的主观态度体验，也就是我们通常说的喜、怒、哀、惧等内在体验，这种体验是人对客观事物的主观反映。能满足人的需要的事物会让人产生积极情绪，如渴求知识的人得到了一本好书会感到快乐、满意等；不能满足人需要的事物会让人产生消极情绪，如失去亲人会让人悲痛等；与需要无关的事物会使人产生无所谓的情绪和情感。情绪对人的行为活动有着很大的影响，积极的情绪可以提高人的活动能力，而消极的情绪则会降低人的活动能力。

在本案例中，J因心情不好而吸毒，想要通过吸毒来麻痹自己，从而逃避现实。根据诱因理论，吸毒者会对毒品和毒品相关的信息（诱因）高度敏感，也就是说，只要吸毒者看到毒品或者毒品的相关信息（比如毒品图片），就会产生强烈的吸毒渴望。更糟糕的是，许多吸毒者会出现交叉敏感化现象，即碰到一些与毒品无关的刺激（比如压力、抑郁等情绪）也会引起吸毒者的毒品渴求。案例中的J就出现了交叉敏感化现象，消极情绪也成了诱发其吸毒欲望的导火索。其实，许多戒毒者从强制隔离戒毒所出来以后，回归到原来熟悉的环境，常常会因为心情不好或者见到以前一起吸毒的人而复吸，这些都是诱发戒毒者再次吸毒的原因。毒品相关线索（吸毒器具、环境）对吸毒者有着莫大的吸引力，这种吸引力就像是饿狼看见了肥羊，难以抑制自己的欲望。

事实上，吸毒并不能使吸毒者的心情变好，毒品虽然能在短时间内让人亢奋，但从长远来看，吸毒后会陷入长时间的空虚、抑郁等。根据负强化情绪加工模型，成瘾者选择吸毒和复吸的主要目的是减少负面情绪给其带来的心理痛苦。情绪确实对一个人的行为有很大的影响，消极情绪会让吸毒者做出更多冲动的行为，因此，让吸毒者合理调节情绪是减少复吸的重要方法。

应对之道

吸毒显然不是一个有效改善消极情绪的方式，反而会导致更加严重的后果。那么，在面对消极情绪时应该如何正确处理呢？

加强锻炼。当我们出现消极情绪时，可以选择运动，在运动的过程中人的情绪会逐渐好转。对大多数人来说，锻炼是发泄情绪的最佳方式，它可以把不好的情绪变成汗水。运动不仅能提高一个人的身体素质和磨炼意志力，而且在运动之后，人身体的各处功能都被激活，大脑会更加清醒和冷静，也更加容易想出解决问题的方法。我们在锻炼的时候需要专注，这样做不仅可以通过转移注意力来逐步戒断毒品，也能保持良好的身体状态。

寻找亲朋好友倾诉。当心情低落、无法解脱时，千万不要自己一个人默默地承受。我们可以寻找自己要好的朋友或亲人，倾诉自己的烦恼，其实倾诉的过程也是一个释放压力的过程。当把自己的烦恼说出来后，也许你会发现，它其实并没有自己想象中的那么严重。真情实意的交流也会帮助我们增进和亲友之间的情谊，从而获得更多的社会支持。

转移注意力。我们可以将注意力集中在与情绪无关的事情上，或者将注意力从当前的情境中转移开；也可以将注意力长时间地集中在事情的某一个方面，让自己达到忘我的状态。

认知重评和表达抑制。认知重评和表达抑制是常用的情绪调节策略。认知重评是指从其他角度给情境赋予新的意义，重新解释情境刺激，从而改变情绪状态。认知重评就是要改变自己的想法和对事物的看法，在认知上做出改变，进而改变自己的行为，最终达到调节情绪的目的。表达抑制则是指有意地压抑即将发生或者正在进行的情绪表达。有研究者认为认知重评策略能更快地调节负面情绪，也有研究认为表达抑制策略更佳，尤其是对于戒毒人员来说，表达抑制策略可能比认知重评策略更能有效降低消极情绪，但也可能会因为自身的情绪被压抑而导致消极情绪的维持或加剧。这两种策略均可有效改善消极情绪，但由于两种策略调节情绪的方式不同，效果也存在差异。

摆脱错误的观念。毒品并不能有效减少消极情绪，只会让情绪和现实生活变得更加糟糕。毒品进入体内可使人产生一种欣快感，但是它又不能停留很长时间，想要不停获得兴奋的感觉，人就要不断地吸食毒品。当欣快感慢慢减弱和消失后，随之而来就是焦虑、沮丧、烦躁等情绪，更进一步加重了消极情绪。为了继续享受这种舒爽、放松的快感和减少焦虑、沮丧、烦躁等情绪，吸毒者又会主动去寻觅和吸食毒品。在这种恶性循环下，吸毒者就对毒品产生严重的依赖。因此吸毒者要及时分析导致复吸的原因和寻找抵制毒品的更好办法，下定决心从头再来，尽快开始新一轮的戒毒计划，让自己重新回到不使用毒品的状态。

其他认知调整技术。使用一些类似于认知重评的认知调整技术能够帮助自己以新的视角看问题，从而摆脱困境。一是未来视角技术，即拉长时间长度看问题，在更远的时间视域下，困难或许就不再是困难；二是宇宙空间技术，即扩大空间距离看问题，在更广袤的空间中感知的问题，问题的大小也会发生改变；三是圣人先贤技术，即切换人物视角看问题，基于智者或先贤的视角，问题或许已转变为人生的"滋养"。

心理小贴士

森田疗法——顺其自然，为所当为

人有七情六欲，每个人都会有悲伤、难过、烦闷、抑郁等消极情绪，也会有兴奋、激动、愉快等积极情绪，重要的是如何调节自身的情绪，做情绪的主人。心理学中常见的疗法——森田疗法可以帮助我们有效缓解消极情绪，告别情绪低落。

当我们感受到自身情绪低落时，不能刻意逃避，而是要觉察情绪，无论是难过、委屈还是郁闷，我们要学会接受所有的消极情绪。我们要知道这一切都是非常正常的，它们会顺其自然地来，也会顺其自然地走，所以不要过于沉溺于自己的情绪，让情绪自然流动。我们还需要把事情（如工作、学习）和情绪分开，不要把注意力集中在情绪上，而是把注意力转到自己的工作目标上，尽力去完成目标，忙碌与任务完成所带来的成就感会让我们忘记消极情绪。

森田疗法的关键在于承认情绪的存在，减少对该情绪的注意，把情绪和事情分开。情绪其实有时来得快，去得也快，当我们不把注意力放在它上面的时候，情绪自然会消解。

为什么吸毒后逻辑推理能力会下降？

案例导入

G在吸毒后，发现自己想问题时有点迷糊，很难应对在工作和生活中遇到的问题，焦虑情绪长期积压，进而产生心理问题。

心理解读

推理是指一个或几个已知判断（前提）推出一个新判断（结论）的思维形式。第一，推理是属于理性认识阶段的逻辑思维形式，是人们思维活动的主要体现。第二，推理是由概念的判断组成的。但它与概念和判断不同，有自己的特点，也就是它能够从已知的判断推出未知的判断。第三，推理的客观基础是客观事物相互之间的关系。推理的思维形式不是人类先天具有的，也不是人们相互之间随意约定的，而是客观事物相互之间的关系在人脑中的反映。决策是为了实现特定的目标，根据当下的众多条件和信息，综合考虑优势和劣势、风险和收益，最终做出的关于未来的决定。

为什么吸毒后的人感觉自己的逻辑推理、决策等处理问题的能力受到了影响？

从推理内容的角度来分，推理可以分为社会契约规则推理（比如出租车司机将你送到目的地，那么你应该付钱给他）与描述性规则推理（比如经常参加体育锻炼，那么身体一般会很健康）。一些神经影像学研究证明，社会契约规则推理与描述性规则推理发生在不同的大脑区域。一般来说，描述性规则推理主要与前额叶皮层有关，社会契约规则推理与杏仁核紧密相关，前额叶皮层（特别是腹内侧前额叶皮层）区域功能存在障碍是阿片类和冰毒成瘾者最为突出的特征，这意味着负责描述性规则推理的脑区部位比社会契约规则推理的脑区部位更容易受损。另外，毒品成瘾者会因为强迫性的药物寻求，经常不遵守社会规则或社会契约，而将自己置于危险境地。他们还因为长期的吸毒行为损害了大脑，进而可能损害了他们正确理解这些规则的能力，导致对社会契约条件的误解。

应对之道

怎样提高自己的逻辑推理能力？首要的是戒断毒品，防止这些有害物质对大脑产生损伤。戒断毒品永远是恢复思维的最好办法。

使用一些自己日常生活的例子。在推理过程中，我们经常需要改变自己的思路，也就是进行思维变换，它往往可以使问题变得更容易解决。最常用的思维转换技巧就是转化，转化就是将一个问题转变成另外一个问题来解决。转化运用了一一对应的方式，差别在于它更偏重于把整个问题都转化为另一个问题。通常情况下，它将复杂的问题转化为相对容易的问题，或者将一个还没有解决的问题转化为一个之前已经成功解决过的问题。

在日常生活中，我们是不是会经常遇到一些复杂的问题？其实问题之所以复杂，很多时候是因为我们对问题本身（也就是要推理的内容）没有那么熟悉，这时候完全可以用举例子的方法把不熟悉的问题转化成熟悉的问题，从而类比解决。例如：小明喜欢所有的喜剧电影，《加菲猫》是喜剧电影，所以小明喜欢《加菲猫》。

这些都是生活中常见的事物，如果把上面所有的名词都换上不容易见到的名词，就可能对推理造成障碍，这时候就可以通过把名词替换成熟悉事物的方法来解决。

好记性不如烂笔头。在工作岗位上，我们可能遇到一些相对复杂的问题。当感觉到大脑一片空白的时候，只需要把问题写下来，往往解决起来就会轻松很多。

我们每个人的工作记忆空间都是十分有限的，当所接收的信息超越了工作记忆的容量时，我们的大脑会有应接不暇的感觉。而把这一过程写下来不仅能够让我们牢记问题，而且可以让我们接受的信息量大大增加。更重要的是，在写的过程中，我们还可以稍作勾画，甚至做一个问题解决的思维导图，从而能够从容解决问题。

可能有人会问，那这样不是会浪费很多时间吗？其实不然，做笔记所花的时间远远少于我们在心里纠结的时间。而且随着手机的普及，电子笔记更是触手可及。更何况，记录笔记也可以只写几个关键词，甚至一个字。正因如此，很多公司高管及成功人士都有记笔记的习惯。这个方法既是大众经验的结晶，也是经过了严密的科学实验论证，我们可以进行尝试。

反向思考。反向思考也是解决逻辑推理问题的一种特殊方法。任何一个问题都有正反两个方面。所谓正难则反，很多时候，从正面解决问题相当困难，这时如果从其反面去想一想，我们常常会茅塞顿开，从而能圆满解决问题。

图表分析。在日常生活过程中有这样一些问题，所涉及或所列出的事物情况比较多，而且又具有一定的列表特征，这时候如果我们把它转化成一个直观易读的图形或者表格，就会非常容易且迅速地寻找到答案。图表最大的优势在于它是可视化的，本来错综复杂的事情，通过图表的展示，可以勾勒出非常完善、清晰的逻辑关系。这会使得我们需要考虑的情况得到极大的简化。

心理小贴士

就条件推理而言，我们要提高自身的逻辑推理能力，就要放弃"证实倾向"，即要避免去证明某个观点，而是要证伪某个观点。比如下面这个逻辑推理问题：如果天下雨，地上就一定会湿。只有两种论证方式才能证明这句话是正确的，一是肯定了前面（肯定前者），即下雨了才能推断出后面内容；二是否定了后面的那句话（否定后者），即地上没有湿的情况才能否定前面。

第三篇
自我意识篇

吸毒后我与理想越来越远怎么办？

案例导入

20岁的Y，自小家庭条件优越，父母溺爱，衣食无忧，有着成为舞蹈演员的梦想。高三上学期因学习压力大，成绩上不去，Y想着出去散散心，但因交友不慎，未能经住诱惑，不幸染上毒瘾。从此，Y与父母决裂，离家出走，与同样有着吸毒史的男友同居，最终因吸食毒品被公安机关依法强制隔离戒毒两年。初到戒毒所时，在戒治学习时注意力不集中，且不愿与人交流。后来，Y在大队的舞蹈班中发挥其特长，重新找回了自信，性格也变得越来越开朗。

心理解读

在该案例中，Y一直怀着当舞蹈演员的梦想。但在意外染上毒瘾后，她不仅没完成学业，也离自己的梦想越来越远。她理想中的自己可能是一名出色的舞蹈演员，但现实中的自己却是在戒毒所。其实，许多戒毒人员也都面临着这种理想与现实的差异。

很多人理想中的自己应该是孩子眼中的榜样、父母眼中的骄傲、伴侣眼中的依靠，而现实中的自己一旦沾染了毒品，却成了违法者、无业游民，被家人嫌弃，感情破裂。吸毒加剧了现实与理想的差异，即个体对实际具备的特征没有到达理想上应具备的特征的知觉。当现实自我与这些标准有差异时，就会产生要减少这种差异的动机。为减少现实与理想的差异带来的消极情绪体验，个体经常会采用非适应性的应对方式，如逃避现实。逃避虽然是减少自我差异带来的消极情绪体验的一种常用方法，但也会成为成瘾的诱因之一。

根据自我差异理论，一个人出现药物渴求时，其现实自我与理想自我间就会出现裂痕。这种差异使个体确信自己品行明显不符合自身履行义务、责任时应该拥有的品质，确信自己违背了道德标准，这极易导致个体产生相关的负面情绪，如抑郁、失望、挫折感等。

在现实生活中，当戒毒人员感受到这种差异时，可能因差异过大而自暴自弃，或者采取错误方式减少差异，造成其他不良后果。因此，对戒毒人员来说，正确看待现实理想的差异，采取积极有效的方式减小差异十分重要。通过案例也可以发现，如果采取正确的方式减小现实与理想的差异，就能够减少消极情绪，提高心理健康水平，进而改善不良行为，避免复吸。

应对之道

当面对现实自我和理想自我的差距，我们可以采取什么方式去积极有效地应对呢？如果把自我当成一座山，那么现实自我就是山脚，理想自我就是山顶，大家要做的就是想想如何登顶。

定向测距法。现实与理想之间的差异存在于很多特征上，个体首先可以采用"定向测距法"，即认真分析存在哪些差异，并分析其差距大小。可以采用下表呈现的方式来进行分析。当现实自我和理想自我评价的差距越大时，就越需要去改变。

序号	现实自我	评价	理想自我	评价
1	我在现实中……		我希望自己……	
2				
3				

逆向思维法。常规思维会让你以理想自我为目标，用现实自我去不断靠近。形象地说就是当我们在山脚下时，会选择某一条登顶捷径。然而，在一些情况下，如果能够从理想自我这个目标状态去反向思考，可能会有不一样的结果。例如你希望理想中的自己有一份满意的工作，但现实是失业且担忧找不到工作。那么你就可以思考令自己满意的工作有哪些特点，需要用到什么能力，然后再思考自己现在具备哪些能力，是否能胜任，如果无法胜任，首先要提升自己什么方面的能力。你要这样有针对性地减小差距，而不是一心想着自己要有工作，然后慌不择路地什么工作都去做，或者觉得自己什么工作都做不了。

小步前进法。当你有了明确的理想目标后，一方面你会产生急于实现的心态，这不仅不利于你快速实现目标，还可能会让你产生放弃的想法。另一方面你会出现畏惧困难的心态，可能是出于差异太大，也可能是出于束手无策。当面对这种情况时，我们不妨先确定一个小目标，实现以后，再确定一个小目标，一步步地迈向大目标，最终实现理想自我。比如一些为人父母的戒毒人员，因为自身形象受损，加上无法陪伴在孩子身边，但是他们从内心深处也想当一个好父母。那么此时他们就可以先从改变自身的不良行为习惯做起，给孩子树立一个榜样。首先，出所后，及时找一份适合自己的工作，保证稳定的收入来源；其次，重新塑造自己在亲朋好友眼中的形象，营造温馨的家庭环境；最后，加强对孩子的关心、陪伴，学习如何与孩子相处，学习教育方法，重塑自己在孩子眼中的良好形象。如果一见到孩子就给孩子承诺或给孩子编造谎言以树立形象，效果反而会大打折扣。

降低预期法。有远大的理想值得鼓励，但是过分理想化自我，会造成无助感。同时，在理想与现实鲜明的对比下，有的人会更加贬低现实自我，不利于自我发展。因此针对一些自我理想化的特征，你可以尝试降低心理预期，缩短差距，实现目标。如理想中的自己是健谈的、人缘好的、受他人爱戴的，这可能对于一个内向且不愿与人交流的人来说有着很大的差距。但是如果降低自己的理想高度，如希望理想的自己是有三五知己，那么这样就可以根据上面的两个方法去进一步思考自己如何做才能达到这个目标。

阶段可视化。阶段可视化就是通过第一步分析把现实和理想呈现出来，并标明评价指标，再通过缩小差距的方法，把每一个阶段所要达成的目标呈现出来，且每完成一个小目标就打"√"。可参考下图。

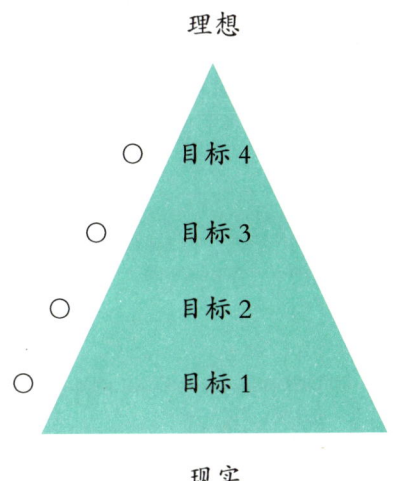

心理小贴士

　　自拍成瘾是指为拥有一张展现完美形象的照片，把大量时间花费在自拍上面的行为现象。自拍是个体对于自身形象的捕捉，本质和照镜子一致。但有一部分人会沉迷于自拍当中，因为在自拍的时候他们掉入到一种自我的想象当中，不愿离开，当离开后便意味着要面临现实的自我和长久的焦虑。

　　同样的道理，戒毒人员在现实中可能是不被社会接纳、到处碰壁的人，可是理想中的自己可能是一位受人尊敬的老师。这种现实自我和理想自我之间的差距使得戒毒人员很容易走上复吸之路，此时戒毒人员就要注重缩小现实和理想的差距。

20 吸毒让我变得更没自信了怎么办？

案例导入

P自从吸食毒品后，几乎不与人交谈，情绪消沉，对亲人感到愧疚，对未来没有信心，经常表现出一种不知所措的状态。民警和戒毒社工通过多次谈话得知P存在自卑心态，对回归社会的信心不足，认为吸毒非常丢人，也很对不起家人。

心理解读

该案例中的P吸毒后变得越发没有自信，甚至产生了自卑心理。吸毒对于自信心的影响可能存在于两个方面。一方面，一些吸毒人员认为通过吸毒可以找到自信，但事实上是不可能的，他们只是想通过吸毒找到慰藉。他们在现实中本就不自信，甚至自卑。他们想通过毒品来麻痹自己、逃避现实，在幻觉中建立虚假的自信心。然而当毒品药效过后，回归现实，他们就不得不面对吸毒带来的更加严重的消极后果。这种现实的自卑又再次导致吸毒人员渴望通过吸毒带来虚假自信，这样就更加难以摆脱毒品，难以面对现实。

另一方面，对那些本来在现实生活中就家庭幸福、工作顺利的人来说，吸毒会导致失业、人际关系破裂、受到歧视。无论是哪一种情况，吸毒终究是会打击人的自信心的。

自信通常与先天条件、行为举止、情绪体验、成就、能力和个性品质等联系在一起，既是对抽象目标的反映，如价值观、生活目标、人生道路选择等，也是对具体目标的反映，如经济、工作等。一个人的自信，是在社会互动、社会比较、自我比较等过程中形成的，受到成败经验、替代经验、口语说服、情绪、生理因素等影响。自信对自我调控和心理健康有着重要影响。第一，自信能够帮助控制、调节和组织心理，并在这一过程中指导行为、情绪、思想和目标。信心判断会影响到对目标的价值、自身达到目标的条件和可能性的评判，这种判断会左右人们是否采取相应的行为，以及是否坚持该行为。例如，人们对于社交价值、交往胜任能力的判断，会影响他们交往的动力，以及对交往过程中的挫折的应对方式。第二，自信对心理健康具有影响。自信一方面是对自我能力的肯定，这种主观能力是解决问题的基础和动力，也同样是解决心理困扰的资源。从情感角度来看，这份积极的自我肯定也会带来个人的幸福感。另一方面，自信能以稳定的结构维护、调节各种压力对心理健康的威胁。如果自信不足，则会缺乏解决问题的动力，无法实现对自己负责。但过于自信，则可能对潜在的不利因素重视不足，导致人际关系紧张。因此，保持稳定、恰当的自信心对个体的发展十分重要。

应对之道

那么，戒毒人员应如何提高自己的自信心呢？

论点论据法。当出现不自信的时候，我们首要关注的就是不自信的内容，在心中得出"我对……不自信"的论点，接着需要分析支持这一观点的证据以及不支持这个观点的证据，如果自己无法想到哪些证据可以反对这个观点，那么我们可以询问身边的人。通过这些分析，不仅能够明晰自己不自信的原因所在，反对证据还能在一定程度上帮助我们改变消极、偏执的观念，树立起自信心。例子如下表。

论点	支持证据	反对证据
我对当众演讲不自信	1. 我从没有当众演讲过。 2. 我对演讲稿还不够熟悉。 3. 我面对很多人会紧张发抖。	1. 正因为没有当众演讲过,我没有失败的相关经历。 2. 我平时很健谈,朋友都很喜欢和我聊天。 3. 能让我当众演讲,说明别人对我十分认可,觉得我将要演讲的内容很重要。
我对回归社会不自信	1. 我已经两年没有在社会上生活了,社会飞速发展,我肯定无法融入。 2. 自从吸毒以来,我就没有再工作过,有了吸毒史更难找工作。 3. 我失去了曾经要好的朋友,亲人对我也漠不关心。	1. 我经过两年学习,已经能够不再接触毒品了。 2. 我擅长烹饪,出所后再学习一些新的菜式,就能够用口味去征服用人单位。 3. 只要我不再接触"毒圈",我就能重新认识新的朋友,家人也会逐渐接受我。

改头换面法。整洁、美观的外在形象不仅能够愉悦自己的心情,提高自信,还能给他人带来舒适感、好感,当他人对我们有好感时,我们自然能够提升与人交往的信心。日常生活中要注意保持个人卫生,当出席重要场合时,如工作面试、相亲交友等,我们可以换一套全新的衣服。此外,隔一段时间可以考虑换个发型,大胆尝试不同的装扮风格。总之,通过保持日常清洁,一段时间换个风格,重要场合着重打扮等外在修饰的方法,可以让内心产生一种全新的自我形象,暂时转移对自己缺点的过分注意,进而提高自信心。

净化圈子法。俗话说"近朱者赤,近墨者黑",我们靠近什么样的人就可能变成什么样的人,相信这一点大部分人都有感受,很多人接触毒品就是因为同伴的劝说。因此,想要提高自信,就多去接触那些热爱生活、积极向上的人,久而久之,我们的消极观念也会慢慢改善。若身边的都是自卑、胆怯的人,那么时间久了,我们也将变得不自信。同时,自信的人更加容易成功,当我们观察到身边的人成功时,也能对你起到鼓励、增强自信心的作用。

胆大心细法。当不自信的内容是具体行动或操作的时候,我们与其担忧不自信,不如思考一下如何提升自己的能力。能力是自信的根基,当我们有足够的能力胜任某件事时,便能大大降低自己的担忧。与此同时,还需要提前分析任务的要求，根据以往的经验和预想，做好充足的准备，提前想好应对方案。最后也是最重要的一点，就是要大胆去做，所谓"万丈高楼平地起"，只有当我们勇敢迈出第一步后，才可能有收获，才能验证自己到底行不行，千万不要还没做就说不行。

优势替代法。"人无完人"，每个人都是独一无二的，有自己的优点、缺点。往往我们不自信就是因为我们过分关注自己的缺点，那么当我们面对一个困难或者心里的一道坎时，我们就会被不自信所劝退。此时要做的就是，努力发现自身的优点，用自身的优点来弥补缺点带来的影响。比如很多人觉得自己不善言辞，担心回家后怎么和爱人、家人交流，那么可以为家人默默地做一些事情。此外，通过学习他人的优点来弥补自己的缺点也十分重要，"三人行必有我师焉"，在工作中如果自己难以掌握技巧，导致效率低下，那么可以虚心向那些工作能手取经。

成败归因法。"胜败乃兵家常事"，有的人成功以后把原因归结于运气，有的人失败后把原因归结于自身能力，这样的归因方式不管是成功还是失败，都不利于下一次的成功。那么该如何面对成败呢？我们可以通过合理归因的方式去看待每次成败。当成功时，我们要把原因归结于自身能力；当失败时，把原因归结于运气、努力程度。这并非自欺欺人，而是理性地看待自己，这能够帮助我们提高行为动机和自信心。

活动激活法。积极参与社交活动、体育活动。在团体交往中，我们能够直观地发现自身的优势与不足，找寻改善的方式，积极挑战自己的短板。在发挥优势的时候，我们自然能够增加自豪感、自信心，这种特定的自信能够泛化到其他活动中。社交活动可以开阔思维、丰富见识，在以后类似的情境中，我们能够运用过往的经验去应对。此外，体育运动能够刺激多巴胺等激素的分泌，让自己感受到愉悦，从而降低消极情绪，进而通过运动来替代药物带来的刺激。

自我激励法。自我激励是解决许多心理困惑的有效方式，自我的积极暗示能够改变消极思维，促进行为改变。如可以在夜深人静的时候或困难面前，我们对自己说"我能行""我最棒""没有什么困难是克服不了的""只要我想做，没有不可能""阳光总在风雨后"等。在每天醒来时，可以照着镜子微笑着对自己说"又是美好的一天，我相信我可以很愉快地过好这一天""我要积极努力地过好今天，完成工作任务，配合管教训练""我是最棒的，就算遇到困难、烦恼，我也能够很好地解决"。

除了以上方法,当产生强烈的自卑心理时,我们还可以寻求专业心理咨询师的帮助。

心理小贴士

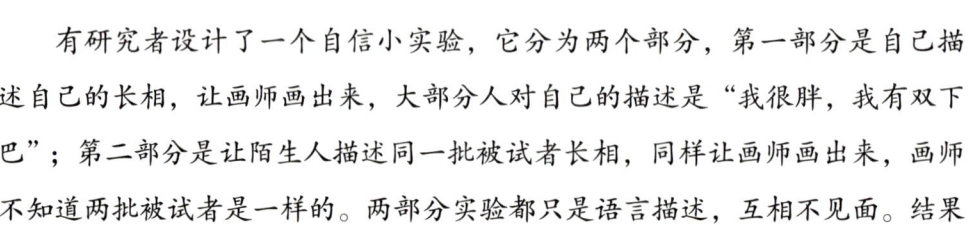

有研究者设计了一个自信小实验,它分为两个部分,第一部分是自己描述自己的长相,让画师画出来,大部分人对自己的描述是"我很胖,我有双下巴";第二部分是让陌生人描述同一批被试者长相,同样让画师画出来,画师不知道两批被试者是一样的。两部分实验都只是语言描述,互相不见面。结果发现,自述画像和他人描述画像简直天差地别,自己眼中的自己平平无奇,而别人眼中的自己原来是漂漂亮亮的。

戒毒人员在吸毒之后往往陷入了这样一个误区,认为自己是不可能成功戒毒的,便开始自暴自弃。如"应对之道"中所讲述的那样,戒毒人员通过使用各种方法是可以提高自信的。

21 吸毒后我无法接纳自己怎么办？

案例导入

生于20世纪70年代的U婚后与妻子育有一女，事业稳定，家庭幸福。U工作后便经常与形形色色的人打交道，每天频繁地往来于各种应酬，这让他放松了对社会的警惕和对自身的要求，最后不经意间沾染上了毒品且深陷其中无法自拔。他对工作越来越心不在焉，整天浑浑噩噩、无精打采，后被开除。从此，他越发自暴自弃，最终因吸食毒品被公安机关抓获。

刚入戒毒所时，U沉默寡言，虽然从不违反纪律，但也从不和他人交流，对戒毒教育反应十分淡漠，表现出了一种自暴自弃、破罐子破摔的消极生活态度。经过交谈后发现，U对自己吸毒感到十分羞耻，导致他无法正确地认识自我、接纳自我。

心理解读

该案例中的U曾经家庭美满幸福。自从染上毒品后，被工作单位开除，越发自暴自弃。U内心无法面对和接受现在的自己，每每回想起曾经的光环，再看看现在的碌碌无为，不免产生巨大的心理落差。这种心理落差致使他感到无能为力，对自己失去希望。身份转变带来的羞耻感，也让他没办法抬头面对自己、面对生活。一些戒毒人员在接触毒品前，曾有着令人羡慕的工作和家庭，但当毒品摧毁了这一切后，所有的自我形象都崩塌了。U难以接受

"曾经风光无限，如今身居高墙"的境遇，觉得自己是无用之人，是家庭的累赘，无法接纳自己。那什么是自我接纳呢？

自我接纳是指能够客观地看待自己，接纳自己的身体、情绪、情感以及经历，接纳自己的外在行为和内在品质，能正视和欣然接受自己现在的一切，将自己视为一个值得尊重和欣赏的人。积极的自我接纳被认为是心理健康的重要标志之一。

影响自我接纳的因素主要有以下两个方面。

个人特质。影响自我接纳的个人特质包括沉思、反刍思维、完美主义程度等。沉思是一种自我关注。反刍思维是指个体在经历了消极生活事件后不由自主地反复思考该事件的产生原因、经过和结果，表现出负性加工、消极情绪性以及持续性的特点。这两种特质都会让人加强对负面信息的加工，进而产生负面自我评价，降低自我接纳度。此外，完美主义者也难以自我接纳，这类人对自己有高标准，若达不到个人标准，就会认为自己毫无价值。

人际关系。良好的人际交往和互动能够为自己提供一定的社会支持。在与他人的交往中，良好的人际关系让人有机会获得来自他人的认同和鼓励，帮助自身从第三视角审视自己，进而改变自我认识偏差，提高自我接纳。

应对之道

那么，戒毒人员应如何更好地接纳自我？

告别过去。我们无法接纳现在的自己，往往是由于过去的不好经历。无论是曾经辉煌，如今落魄，还是过往创伤的余波未平，过去的终究是过去了，只需要让它流淌在历史的长河中，尘封在记忆的深处。有人说："我觉得自己已经不在意了，但是它似乎还是悄悄地影响了我的各个方面。"与其一直逃避，不如直面一次。其实，任何时候我们都只能面对现实并做出改变，既然如此，那就彻底地与过去告别。

拿出一张白纸，给过去的自己写一封信道别，内容可以包括对过去自己的描述、对现在自己的描述、对过去的自己告别。

对自己进行正确的自我评价。正确的自我评价是自我接纳的基础，而准确的自我评价包括对自我现状的评估和对自己潜力的挖掘。

如何才能得到关于自己的准确评价呢？请找个安静的环境，思考对自己满意或是不满意的方面。参考下表，根据相关维度和指标进行自我评价，此外，重要他人的评价也是一种重要方式，如询问戒毒民警、家人、朋友等。最后结合实际情况，根据自我及他人的评价做出一个综合结论。形成的自我评价表不仅可以让我们充分地了解自己的优势、劣势，也可以改变以往对自我的一些错误认识。对劣势进行改进，对优势则充分发扬，以提高自我评价水平，最终促进自我接纳。

维度	具体指标	自我评价	他人评价	综合结论
外貌	皮肤、五官……			
身材	身高、体重……			
健康状况	睡眠、体能……			
行为表现	纪律性			
	执行力			
	工作效率			
	……			
心理健康状况	焦虑状态			
	自卑状态			
	……			
性格	乐观开朗			
	孤僻			
	……			
能力	记忆力			
	思辨能力			
	……			
阅历、经验	……			

我们知道了如何对自己进行评价后，还需要知道自己有哪些潜力。通过以下三种方法可以帮助我们了解自己的潜力。

再现过往经历。在过往的经历中，我们可能有成功或失败的经历，在我们回想过往经历时，要把注意力放在那些能够反映出自身优势和不足的地方。对于失败经历，我们可以从中汲取经验，避免下次失败，这也是挖掘自身潜力的一种方式。对于成功经历，我们要分析自己为什么成功，成功靠的是哪方面的能力，这样以后就可以从事需要用到这部分能力的工作，发挥自身优势。

剖析心中梦想。每个人都有自己的梦想，或者说对未来的设想，那么当我们在预想未来的时候，其实潜意识里也考虑到了自身的条件。根据这些设想我们可以发现身上潜力，梦想是有可能实现的。虽然当下我们还未实现自己的梦想，但可能是因为我们的能力还没有真正表现出来，这就需要我们进一步挖掘并提高自己的能力。

接受他人赞赏。想必很多人会听到来自身边人的这些话，"你以后适合……""你真是一个……的好材料"。这些从他人视角得到的信息，也在一定程度上反映了我们自身的潜力。只要用心去体会，并有意增强这些能力，将来一定能够将其变成自身优势，成为成功的关键因素。

心理小贴士

每个人都有自己独特的价值，我们也不用自暴自弃。曾经的错误不能定义一个人的一生，那只是人生中的一段弯路。戒毒的过程或许充满艰辛，但每一次的坚持和抗争，都是在重铸内心的力量。只要我们心怀希望，勇敢面对过去，努力改变未来，相信生活总会为我们敞开新的大门。

22 吸毒后我难以在别人面前表达自己怎么办？

案例导入

小K没有固定工作，没有结婚，因吸食新型毒品正接受强制隔离戒毒。在戒毒所内，他经常因琐事与其他戒毒人员争吵、打架，一直表现出紧张、自卑、敏感、冲动等不良心理状态，做事说话不太在意别人的感受，不考虑后果。通过谈话了解到，小K自认为别人看不起自己，内心感到很压抑。可难过的时候他却不知道向谁倾诉，那些复杂的情绪只能在心中不断堆积，并通过争吵、打架等行为来发泄。他仿佛给自己的心筑起了一道高墙，难以在别人面前表露自己的真实情感。当遭遇委屈或欺负时，负面情绪就会在心中疯狂滋长，进而产生报复心理，有偷袭别人的冲动。

心理解读

案例中的小K行事冲动，不在意他人感受，不考虑后果。但这些行为的背后隐藏了内心的压力和无法倾诉的痛苦，最终他以冲动的行为方式表达想与他人产生联系的愿望。这种方式并不能帮助他与其他人建立良好的友谊，反而是在制造矛盾，最终使别人对他产生了敌意。从该案例可以发现，当我们内心有想法时，向他人表达或倾诉自己的内心有多么重要，这在心理学上其实就是自我表露。

自我表露是指个体将自己的信息真诚地与他人分享的过程。具体而言，自我表露的内容可以是自己的思想、情感、经历、感受、观点等。当我们内心的压力、不良情绪、曾经的创伤得不到适当的宣泄，压力就会不断积压，消耗我们的能量，最终诱发心理疾病。当我们内心有观点、有想法却不能向他人表达时，也会让我们感到孤独，降低幸福感。而自我表露的这个过程有助于增进个体对自我的认识，建立和改善人际关系，发展亲密关系，提高主观幸福感、归属感，最终有利于自身的身心健康。可以设想一下，如果小K经常与他人交流，表达自己的想法、情绪，逐渐与他人建立起情感联系，相信他内心的压抑和对他人的敌意都会有一定程度的缓解，身心健康水平也会得到提高。

应对之道

率先出击。自我表露有时候就像一个"交换"的过程。在亲密关系建立初期，人们往往是接收到了多少表露，就同样地表露多少。随着自我表露的加深以及关系的深入，最后就不再是死板的"交换"，自我表露变成了自如的情感交往，不在意谁多谁少。因此，能否主动迈出第一步，向他人表达自己，或者是否能够识别接受到来自他人的表露，并做出回应，对于建立和发展亲密关系来说尤为重要。此外，人们更容易喜欢那些自我暴露的人。当你认为没有足够亲密的人可以倾诉时，率先对身边人适当地进行表露，可能会有出乎意料的效果。你可能会发现，倾听者并不会像你之前设想的那样对你产生反感，甚至这种行为还打开了对方心灵的窗口，对你有更多的倾诉。

表露要有度。了解自我表露的重要性之后，相信不少人心里会有顾虑。"我该事无巨细、毫无保留地表露吗？""我表露的东西真的不会给他人带来困扰吗？"这些顾虑往往是许多人不愿意表露自我的原因。因此，我们需要了解自我表露的度在哪。

从表露内容性质的角度看，可以分为正向表露和负向表露。正向表露的内容是有关自身积极的信息，不会对自身产生不良的影响。负向表露的内容是个人试图隐瞒的或不愿表露的信息，会对自己的形象产生不良的影响。在一段关系建立的初期，人与人彼此之间还保持着较远的心理距离，这时表露积极的内容，容易塑造自己良好的形象，提高自身吸引力。例如，可以向他人诉说自己的观点、想法，也许你们不谋而合；可以向他人表达情绪情感，也许能得到共情、安慰；可以向他人传达兴趣、态度，也许你们志同道合。这些都是向他人表露自己，也可以理解为向他人介绍自己，让他人了解自己，这为后来关系的发展奠定坚实的基础。而随着感情的加深，自我表露的内容也可以是更深层的。因为这时候你们已经有了情感基础，也有了相互表露的过程。你可以向他人表露一些关于自身人际关系的情况、心理健康情况、不好的经历等。在这种情况下，即便有些是消极的内容，也不会容易影响自身形象，也不会让对方拒你千里之外。消极表露有时也能换得他人的同情与安慰，使我们得到鼓励，内心的压抑得到宣泄。但与此同时，你要注意负向表露的频率、消极程度、倾听者的情况和聆听他人表露，这样才会建立良性、长期的关系。此外，不是所有的想法都需要表露，你也会有不想告诉别人的秘密，这些隐私则可以不用向他人表露。

心理小贴士

增进人际吸引的因素

空间因素。空间上的距离越小双方越接近，尤其是在交往的初期更是如此。研究表明，这一因素会随着时间的推移发挥的作用将越来越小。

相似性因素。当自己与别人在年龄、性别、社会经历、态度等方面具有相似性时，则容易相互吸引，而且这种相似性越高双方就越能相互吸引。有一项关于最好朋友的研究发现，个人所指出的最好朋友都是同等地位的人，一般是说他们在受教育水平、经济条件、社会价值等方面都很相似。其中，态度是最主要的相似因素，即志同道合。

需要的互补。当双方的需要以及对对方的期望正好成为互补关系时，就会有强烈的吸引力。

能力与特长。个人在能力与特长方面如果比较突出，就会有一种吸引力，使他人对自己产生钦佩感并欣赏自己的才华。一项研究发现，一个看起来很有才华的人，如果表现出一点小小的过错，或暴露出一些个人的弱点，反而会让人们更喜欢接近他。

23 吸毒后我对自己的容貌身材很不满怎么办？

案例导入

"90后"女生R，从事模特职业，进入强制隔离戒毒所之前曾吸食毒品长达6年。入所后的半年内R的体重从49千克增至65千克。因身材走形，R整日敏感多疑、精神萎靡，总感觉身体酸痛，无法集中精力。经诊断，她存在外貌焦虑、自我认知偏差的情况。

心理解读

该案例中的R入所后体重暴增，不再拥有模特的身材，让她感到焦虑、痛苦。对于自己外貌、身材的认识是自我概念的一部分。对自己外貌（面容、身材）不满意的这类人群，会预想到来自他人的消极评价，并表现出经常检查和调整自己外貌的行为，进而引发焦虑、抑郁、进食障碍等一系列身心问题。此外，这类焦虑会导致注意力过度集中在自己身上，从而无法集中在其他事情上。这种对身体的关注又会增加焦虑感，从而强化监控行为，变得越来越关注外貌，也会因此越来越焦虑，形成恶性循环。

这种焦虑在女性中更加普遍，女性往往比男性更加关注自己的外貌。值得注意的是，吸毒者更容易受到这类焦虑的影响，因为毒品会对身体产生巨大伤害，短期吸毒的人会出现营养不良的情况，长期吸毒的人会变得瘦骨嶙峋，甚至出现牙齿畸形等现象。在现实生活中，部分戒毒人员自述吸毒的原因是减肥，这反映出来他们对外貌的焦虑，虽然吸毒会使得体重下降，但是却极其不健康，且成瘾后，过度消瘦也不美观，在强制隔离戒毒期间，也可能出现体重反弹的现象，如案例中的R。可见，外貌焦虑可能是诱发吸毒的潜在因素，而吸毒也是促成身材焦虑的一大诱因。

影响这类焦虑的因素包括了他人评价和大众媒体的宣传，其中他人评价可能来自父母、朋友，甚至陌生人，这些评论有积极的，也有消极的。积极的外貌评论是他人对个体体重、体形或外貌的称赞，比如男性容易被夸身强力壮、仪表堂堂；女性容易被夸身材苗条、貌美如花。消极的外貌评论指故意或无意的伤害性评论，比如"你穿这件衣服显胖""你该减肥了""你简直是皮包骨"。一个人得到消极的外貌评论越多，越容易内化消极外貌评论，负向评价自己的外貌。在大众媒体中，经常会看到俊男靓女，一些广告也在宣传男女的身材、容貌应该是如何的，这在无意识中传导了大众对于外貌的观点。当它与自己的真实外貌有一定的差距时，身材焦虑也随之产生。

应对之道

身体质量指数（BMI）。一个人是否消瘦或肥胖不单单取决于体重，我们可以利用身体质量指数（BMI）来简单判断自己的胖瘦程度。计算公式：BMI=体重（千克）÷身高（米）的平方。根据体重、身高，计算出自己的BMI后，依据下表得出相应的结论。比如张三的体重为60千克，身高为1.7米，则根据公式可得到他的BMI≈20.76。这属于体重正常。BMI指数虽然不能完全反映身体真实的脂肪含量、健康情况，但可以帮助我们快速了解自己大致的体重情况，进而做出一些有利健康的调整。正确认识自己的身材,是降低身材焦虑的第一步也是关键一步。

体重指数标准	程度
＜18.5	体重过低或营养不良
18.5—23.9	体重正常
24.0—27.9	超重
≥28	肥胖

体重调整策略。在了解完自身胖瘦情况后,可以有针对性地对自己的饮食习惯、运动情况、作息情况等进行调整,以控制体重。对于超重者,在饮食方面要低脂低糖,多吃膳食纤维含量高的粗粮、蔬果,减少主食摄入,避免过饱。同时,加强有氧运动,早睡早起。对于体重过低者,要增加主食摄入,多吃蔬果补充微量元素,多吃高蛋白食物,做一些力量型的运动增加肌肉含量,同时也需要保持规律的作息。任何短期高效的减肥法都对人体有不可逆的伤害,且容易反弹。若受到严重肥胖或营养不良的困扰时,可以寻求专业医生的帮助,切不可自行用药。

理性看待外界"声音"。外界"声音"包括了他人评价、媒体信息。有时候我们听到来自外界的评价、评论,就会产生尴尬的感觉,认为这是一种批评甚至是贬低、歧视,进而开始关注自己的身材样貌。人们往往会误认为别人时刻关注自己、在意自己的形象,其实大部分人都只关注自己。如果因为他人的言论察觉到自己身材走形,那便把他人的言论当作一种动力、提醒,积极地采取健康的方式调整生活习惯。而对于那些恶意的评论,则完全不必在意,真正喜欢你的人、善良的人是会接纳你的不足,对你有恶意的人,避而远之才是正确的。

心灵美才是真的美。很早以前,心理学家就发现外貌吸引力越高,就越容易得到他人积极的评价,且外貌对商业、政治、法律等领域都有一定的影响。但随着时代的发展,社会对人的能力、品质、素质有了更高的要求,仅仅靠外在美也难以具有足够的竞争力,况且岁月催人老,人们归根到底看的还是"内在美"。因此,提升自己的涵养、学识、素质、气质,用内在的人格魅力去感染身边的人,才会是长久的。"世界上没有两片相同的叶子",每个人要利用自身特点,去塑造独一无二的人格魅力,形成自己的风格,那便会在人群中脱颖而出。

心理小贴士

  电影《追龙》中有这样一个片段,跛豪看到自己的亲弟弟想要购买毒品时,立刻抓住亲弟弟问:"你想要跟他一样吸毒吸成皮包骨吗?"随之而来的一个画面便是一个长期吸毒人员瘦出皮包骨的身材且精神萎靡的画面。

  吸毒并不是一种正确减肥的方式,相反,它会引导你走向一条无可挽救的道路,会伤害你的身体。我们要树立一个正确的自我形象意识,不要简单地以瘦为美,做最真实的自己。

24 吸毒让我逐渐丧失了技能怎么办？

案例导入

39岁的H至今未婚，父母务农，家庭经济收入微薄，属于困难家庭。H中专毕业后，在工作中结交了不良朋友，23岁就开始吸毒，后被公安机关查处后依法送入强制隔离戒毒所。吸毒后，他的身体每况愈下，曾经掌握的专业技能在毒品的破坏下逐渐丧失。比如，他手部的精细操作能力大不如前，原本能轻松完成的工作任务，如今却变得异常艰难。他的记忆力和反应速度也大幅下降，思维不再敏捷。在所内专场就业推介会上，H参加了几个企业的面试，但都没有成功，心里有严重的挫败感，情绪很低落。他担心出去后更没有出路，对就业面试产生了恐惧感，甚至在别人谈论就业相关问题时也会回避。慢慢地，H觉得自己一无是处，什么事都做不好，焦虑不安，对自己的未来感到彷徨、迷茫，吃不好，也睡不香。

心理解读

该案例中的H面对出所后的就业问题，感到了压力和恐惧，之后因为面试失败开始自我否定。毒品对于青壮年的影响是巨大且长远的，青壮年本应该家庭美满、工作稳定，但因为吸毒，可能连养活自己都困难。随着时间的流逝，人的体力和脑力也开始下降，很多工作已无法胜任，这可能会影响一辈子的幸福。

但对于戒毒人员而言，吸毒并非就意味着自己一无是处。正确看待自己的能力，相信自己的能力，准确发挥自己的能力，那么事情也不一定会变得那么糟糕。一部分药物成瘾者会自我贬低、自我否定，认为自己堕落了，自己已经没有前途了，自己什么成就都没有了，好像啥事都干不了。这样的想法、感受，久而久之就会形成一种信念，即坚定地认为自己是个无用之人。往往这种对自身能力认识的偏差，掩盖了自身真正具备的能力，最终可能连原本拥有的能力也逐渐退化了。

对自身行为操作能力的判断和评价，以及自我生成能力的信念，叫作自我效能。每个人对自我效能的感觉就是自我效能感，即个体对自己能否成功地进行某一行为的主观判断。心理学家班杜拉通过大量研究发现，个体的自我效能感来自四个方面：(1) 过往的成败经验，由于它基于个体的直接经验，因此对自我效能感形成的影响最大，一般来说，成功经验会增强自我效能感；(2) 替代性经验，与自己各方面能力差不多的人会影响自己的自我效能感；(3) 劝说，他人对自己的劝说也会影响自我效能感；(4) 唤醒水平，当一个人更渴望成功时，他的自我效能感也会更高。

个体的自我效能感形成后对人的行为将产生极为深刻的影响，它能决定人选择什么活动以及能否坚持下去。高自我效能的人会选择挑战性高的活动，且能在困难面前坚持自己的选择。戒毒人员在应对较大压力、情绪低落、社会技能障碍、烟瘾、毒瘾，甚至疾病时能否坚持，这都与有无自我效能感有关。

应对之道

过去的经验能够指导我们未来的行为，能够对我们的自我效能产生影响，比如自身的成功经验。当我们有过成功完成某件事的经验后，便会认为自己在将来也能成功地完成类似的任务或与之相关的任务。但是我们的经验都是有限的，成功经验更是少数。那是否就意味着，没有自身成功经验加持，就无法获得自我效能感呢？非也，他人的成功经验也能让我们提高自我效能感，我们有时候会在心中暗自鼓励"他都行，那我也行"，这就是最典型的例子。

此外，还可以通过书本、媒体等信息来源获得他人相应的经验。但是，当我们在接收他人经验时，可能会产生一种反作用，就是认为他人本就应该成功，他人实力强于自己，以至于自己更加自卑，更加认为自己不行。那么不妨用"归因"来自我安慰一下，即看待实力强于自己的人，可以将他人的成功归结于努力、运气、任务难度，而看待自身成功就归因为能力。尽管这样有点欺骗自己的意味，但是恰当地运用这种归因方式，能给我们带来积极的影响。

有的人认为自己无所不能，有的人认为自己一无是处。真的有"无所不能"和"一无是处"吗？显然这只是一种夸张的形容。能力是一个很大的概念，与动手相关，也与动脑相关。能力可以理解成两种，一种是一般能力，指在进行各种活动都会用到的能力，比如记忆力、思维力、观察力、注意力等；另一种是特殊能力，指进行特殊活动才会用到的能力，比如运动能力、音乐能力、绘画能力等。通常说的无所不能，就是描述这个人一般能力比较强，在各个活动中都能有较好的表现，但并非可以真正做到无所不能。而那些似乎在很多时候都表现平平的人，也并非没有能力，只是他们没有机会发挥自身的特殊能力。能力不存在高低贵贱，不同能力之间也无法一较高下。比如一位设计师和一位建筑工，从能力方面，设计师的绘画能力、思维力、想象力强，而建筑工具有观察力、运动能力、施工技能。这二者在各自的岗位发挥着重要的作用，离开了谁都不行。

因此，我们要关注到自身的能力，找到能展现自己能力的平台。就算如案例中的H一样，经历了多个企业面试失败，也无需气馁，更不要因为自己的吸毒经历就否定自己的能力。人的能力不是与生俱来的。只要愿意努力，不再走歪路，我们的人生就会重新变好。

心理小贴士

吸毒后，我们可能会因为失去技能而感到迷茫，但这只是暂时的黑暗。过去的错误不能决定一个人的未来，戒毒就是新生的开始。迷茫只是暂时迷路，相信自己的潜力。我们可以通过不断学习和训练新的劳动技能，可以制订合理的学习计划，从基础开始，逐步深入，还可以向家人和朋友寻求支持与鼓励，因为他们会给予我们温暖和力量。只要有毅力和恒心，相信我们一定能克服困难，重新掌握技能，回归正常生活，再次绽放自己的光芒。

25 吸毒让我失去了个人价值怎么办？

案例导入

D，未婚，有着一份令人羡慕的工作。D自从吸毒后就长期存在无法适应环境的情况，在家被邻居排斥，被人用异样的眼光看待，总感觉给家人丢脸，心情很压抑、很痛苦。入所后，D听见其他戒毒人员说一些带有嘲讽意味的言论，就特别反感，感觉是在侮辱他。他之前就因为这些言语的刺激，与他人发生过肢体冲突。他认为之前自己是家里的骄傲，而现在自己也不知道能不能彻底戒断毒瘾，还要遭受嘲讽，觉得自己一无是处，对生活失去了信心。

心理解读

该案例中的D曾有着一份令人羡慕的工作，有着高大威严的形象，可如今成为吸毒人员，还失去了工作。每当有人提起这个事，就犹如一把利剑刺向他的心里。因为吸毒，他感觉自己永远失去了以前的形象，以至于吸毒以来，他无法适应环境。长此以往，他便越发觉得自己没有了价值，也没有了活着的意义。

缺乏生活的明确目的和意义是物质成瘾个体的特征之一，而目的性正是生命意义感的维度之一。生命意义指的是个体明确生活目标、朝目标努力并实现目标的过程。生命意义感高的戒毒人员戒断毒品的时长保持得更久。并且，戒毒人员的生命意义感高也可以降低其复吸的倾向。这是因为生命意义感低的个体更容易觉得生活无聊、厌世等，这样的个体更倾向于选择使用成瘾类物质来躲避空虚感，而这又会反过来导致对成瘾类物质产生心理渴求。渴求是成瘾者在戒断期想要使用成瘾物质的一种强烈的、主观的、反复出现的欲望或者冲动。案例中的D在吸毒后，常常受到他人的言语刺激，导致他长期处于压抑、痛苦的负面情绪下，渐渐地觉得生活没有了目的和意义。由此可见，在戒毒工作中引发生命意义感是必不可少的，也就是要引导戒毒人员在更长久的立场上理解生命的意义，找到一个有意义的生活方式。

除了缺乏对生命意义的感知之外，一些戒毒人员会因为吸毒产生一系列的问题，如失业、就业困难、他人歧视，很难再回到曾经的工作岗位，社会地位也一落千丈，不知道自己还能做些什么，认为自己就此失去价值了。这就涉及自我价值感，其核心是自我价值的判断与体验。自我价值感可以包括个人层面的自我价值感、社会层面的自我价值感，也可以是具体细化到人际的、心理的、道德的、生理的和家庭的自我价值感。研究发现，与正常成年人相比，戒毒人员整体的自我价值感要明显低一些，但在个人层面的价值感与一般人没有差异，这就反映了在个人层面，戒毒人员对自己的价值并没有持完全否定的态度，只是因为在社会教化和舆论压力的作用下，表现出的自我价值感较低。因此，对于戒毒人员而言，不必因为一些经历、社会压力而否认自己，只要积极戒毒，重新将个人价值发挥到各个方面，依然是一个对社会有价值的人。

应对之道

由点到面地自我调整。我们有时候会因为自己在某件事情或某个方面存在一些不足，而全盘否定自己的价值，比如我们无法高效完成任务，或觉得自己没怎么对家庭作出贡献，便产生自我怀疑、自我否认。但只要我们清晰地认识到自我价值，针对自己不满意的地方积极做出调整，那么便会提高自我价值感。如果我们感到自己似乎没有价值了，这可能只是在某些方面有不足，并不意味着自己一文不值。每个人都有自己的个人价值，而个人价值作用于社会、作用于自身身心发展、作用于家庭时，自我价值感自然便会提升。因此，我们要充分认识自我价值，并在生活的各个方面中发挥出自我价值。

自我聚焦。吸毒人员的低自我价值感往往来自与他人的比较、他人的态度。俗话说"没有对比就没有伤害"，我们对于自己的价值判断，很多时候是依据与他人比较的情况。若做同一件事，其他人比我们表现得更加优秀，我们就容易产生较低的自我价值感。此外，他人对自己的态度、接纳、认同，也会影响我们的自我价值感。但我们如果把所有焦点都聚集在别人对自己的态度、评价上，就会很被动。因此，我们可以不用过度与他人比较，不用过分在意他人评价，可以将自己与过去的自己比较，看看是否有进步，也可与自己内心的要求比较，看看差距多大。比如，我们发现自己的工作效率比前段时间更高，那自我价值就是在提高；又如自己给家庭带来的很多负担，让家人失望，那出所后通过努力改善了家庭条件，通过身体力行孝敬父母，那也是自我价值的提高。把对自我价值的判断依据转移到自己身上，将他人的反应作为一种辅助参考。长此以往，你就会越发觉得今天的自己比昨天的自己要好，明天的自己比今天的自己要更好。

提升生命意义感。吸毒人员的生命意义感普遍低下，这也是其吸毒和戒毒失败的原因之一。这是因为缺乏生命意义感的人除了平常必要的活动，比如工作之外，几乎没有其他的事情可以填充他们的生活，导致他们经常感到空虚和缺乏刺激。所以他们需要去寻求刺激来减少这种无聊感。此外，人们在吸毒后往往会遇到他人歧视、社会融入困难、自我价值感降低等一系列的问题，这些问题都会进一步导致生命意义感的下降，让吸毒人员觉得生活没有了目标，没有了意义，最后甚至会产生自杀的想法。所以我们要努力寻求生命的意义。生命意义感涉及很多因素，如社会的关注、个人的成长、关系的和睦、物质的享受、身心的健康等。对于我们中国人而言，照料父母、陪伴子女也会影响我们的生命意义感。我们平时没事的时候可以看一看家人的照片或者是视频，想一想我们还有父母要孝敬，有子女需要照顾。我们也可以给自己设立一些能够达到的小目标、小任务，在实现这些目标和任务的过程中感受生命的意义。同时我们也可以通过观看一些影片来激发我们对生命的思考，感受生命的珍贵。当我们遇到痛苦的事情时，我们也可以尝试从更加积极的方面去看待它。生命意义感本就包括意义存在和寻找意义两个维度，所以我们要努力感受生命、体验生活，努力寻求生命的意义。

心理小贴士

戒毒电影《爱在人间》讲述了一名吸毒女性逐步戒毒成功的过程。女主角多次吸毒成瘾,可是有一天她发现自己怀孕了,为了肚子里宝宝的健康,她走上了戒毒之路,虽然过程艰辛而漫长,但肚子里的宝宝支撑着她脆弱的神经,帮助她完成了最终的戒毒旅程。

这个女主角背后代表了千千万万个和她一样深陷吸毒泥潭却无法自拔的吸毒人员,但不同的是,她找到了自己的价值所在,并成功戒除了毒瘾。每位戒毒人员也需要在自己的生活中不断找寻到自身的价值(或是家庭的责任,或是家人的牵挂,或是生活的希望,或是个人的前途,等等),重新开启崭新的人生。

26 吸毒后我失去了人生目标怎么办？

案例导入

年近半百的F，曾在20多岁时以优异的成绩被自己热爱的专业录取，毕业后找到了一份离家比较近的工作。就在他生活和工作欣欣向荣、享受家庭温暖的时候，却因好奇心染上了毒品。从此，他的理想一天天破灭，多年的积蓄也一点点被消耗殆尽。F感到吸毒已使自己陷入到了人生困境，再也没有什么前途，自己成了一个无可救药的人。F认为曾经的荣誉已经随风而去，曾经拥有的幸福生活不复存在，只能被身边的人唾弃指责，只能做低头生活的人，生活只能靠"啃老"或社会帮扶，进而产生了浑浑噩噩的思想。

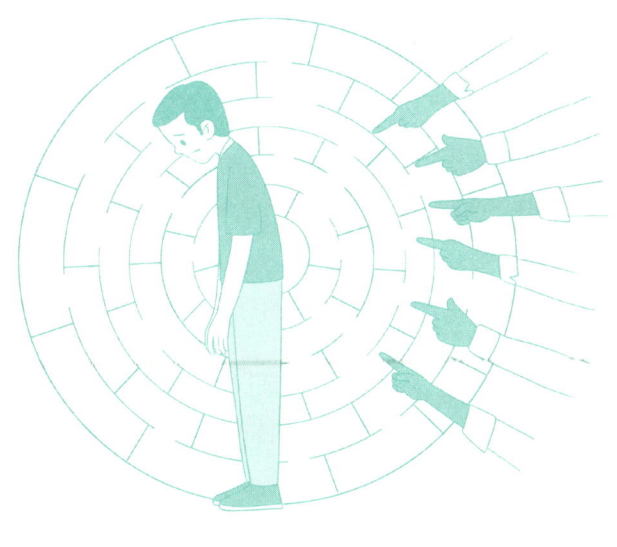

心理解读

该案例中的F曾立志干出一番事业，然而吸毒后，这一切都不复存在了。

如今的他失去了人生目标，产生了靠帮扶混日子的想法。

不难发现，F以前的人生目标就像一束光，引领着他不断往高处走。现在这束光被毒品所掩盖，F的人生仿佛陷入了阴暗，看不到前方的路，也没有走下去的动力了。人生目标是一个赋予人生方向和意义的概念，包括了长远的、稳定的、具有个人意义的客观目标和个人感受到生活有意义、目的、方向的程度。也就是说，人生目标是积极生活的内在动力。拥有人生目标的人，会有更好的抗压能力。因为每个人的所作所为都会围绕目标展开，即使在这个过程中遇到负面事情，也会从长远角度看待当下的难题，及时平复负面影响，减少资源消耗。拥有人生目标的人，还会有一些健康行为，比如进行体育锻炼，保证睡眠质量，减少如吸烟、酗酒等不健康行为，最终促进自身身心健康的发展。因此，拥有人生目标，甚至拥有高的人生目标感十分重要。如果能够重新树立新的人生目标，驱散毒品的阴霾，人生一定会芝麻开花节节高。

应对之道

描绘"生命线"。如果把我们从出生到死亡的过程看作一条线，那一定是起伏的曲线。在整个生命过程中，我们时常受到过去经历的影响，也在想象着未来，但往往不太明确过去哪些经历影响了自己，又是如何影响的，对未来又是否有影响，也不太清楚将来自己到底会朝着哪个方向发展，有怎样的目标。因此，明晰自己当下所处的阶段，消除过去的负面影响，明确未来的方向，对个人的发展尤为重要。描绘"生命线"就是通过回顾过去、理清当下、展望将来，明晰过去经历对今天自身发展的影响，分析当下所处阶段及困难，思考未来发展方向，了解自身内心的需要及目标，重新赋予人生意义，明确未来方向，使个体更坚定地朝着未来前进，获得良好的发展，增强积极向上的动力。

请根据以下步骤描绘出你的"生命线"。

①在白纸上从左到右随意画出一条直线，长度不固定，然后在直线的右侧画一个箭头。在线条左侧，写上"0"这个数字，代表自己出生；在线条右侧的箭头旁，写上自己预计的寿命，如75。这条线就代表着生命的长度。

②根据年龄，找到当前所处的位置。比如你认为自己可以活到75岁，你现在是25岁，那么就在靠近左侧的三分之一处画个小旗子。

③在小旗子的左侧，就是过去的日子，右侧就是将来的日子。请回想曾经发生过对你有着重大影响的事件，在对应的年龄上用"圆点"标记出来，并写出事件名。如果这件事是积极的就在线的上方画圆点；如果是消极的事件就在下方画圆点，圆点离直线越远，代表影响程度越高。

④接下来，请在旗子的右侧，就是未来的日子，把你一生想做的事都标在生命线的上方，也根据它们带给你的喜悦和期待，标出不同距离的圆点，并尽量写出时间和事件名。如果你愿意，也可以把可能会出现的消极事件标记出来，这样就是完整的生命线了。

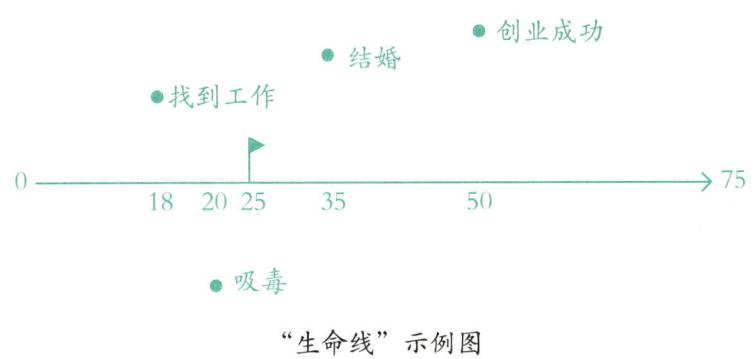

"生命线"示例图

⑤仔细地观察自己的生命线，看看自己现在所处的阶段、境遇。分析过去对自己的影响，如果是消极的，要么改变，要么忘却。如果是积极的，就继续保持发展。看看未来自己的人生目标，想想如何一步步地实现它们。

搭建多维度多层次的目标体系。从时间上看，目标可以有短期目标、中期目标、长期目标。从内容上看，目标可以是关于家庭、生活、工作、梦想等的。所谓的人生目标，不一定要多么伟大，也不一定要达成才算圆满，目标存在的意义是激励我们向前。因此，我们可以为自己搭建一个目标体系，从短期的目标，再到中期的目标，最后实现人生最大的目标。此外，目标的内容也应该多种多样。如短期目标是找到一份合适的工作，中期目标是工作稳定、顺利，长期目标是实现自我价值、生活富足。这样，我们就永远都有目标，永远都在向着目标前行，又不会因为目标太远大而放弃。

心理小贴士

　　目标是一座灯塔，能在你迷路时为你指明方向，避免在生活中迷失。它赋予我们动力，让我们在面对困难时有坚持下去的理由。明确的目标能帮助我们合理规划时间和资源，提高效率。同时，实现目标带来的成就感，会增强我们的自信心和自我认同感。设立目标还能让我们更好地评估自己的进步，及时调整策略，不断完善自我，从而一步步走向成功，实现人生的价值。当戒毒人员找到属于自己的人生目标时，就不会再将吸毒作为自己的寄托，而是去寻找更广阔的天空。

第四篇
人际关系篇

27 为什么我会失去亲情、友情、爱情？

案例导入

小学文化的W，自从吸食毒品后情绪一直不稳定，喜怒无常，对抗管理，甚至挑头闹事。经了解，W因吸毒败家，父母一气之下说出他不是自己的亲生儿子，而是抱养来的事实，要和他断绝关系。再加上W的老婆留下未满月的儿子，离家出走，杳无音信。在双重打击下，W心理严重失衡，认为瞬间失去家庭、亲人是老天不公平，对未来生活不抱任何希望，进而自暴自弃。

心理解读

人是社会性的动物，我们生活在复杂的社会网络中，要花费大量时间与其他人交流往来，在这过程中我们不可避免地会受到他人的影响，同时我们也影响着他人。社会交换理论认为，人们做许多事情都是源于对利益和成本的衡量，其中成本和利益不仅仅是指金钱、权利，还有爱、荣誉。人和人之间会进行交往通常是因为彼此满足了对方需求。例如在工作中，职工以工作成果换取工资。而在亲密关系中，像情侣之间、夫妻之间或是父母与子女之间，更多的则是爱、情感、信任之间的转换。当人与人之间的交换极度不公平时，关系中首先感受到不公平的一方便倾向于结束这一段关系。在这个案例中，W吸毒给家庭带来了情感上的伤痛和经济上的损失，家庭成员或亲密的朋友往往对其心灰意冷，甚至嫌弃他。而对W来说，被剥离亲密关系也是非常痛苦的。马斯洛需求层次理论认为，每个人的需求分为五个层次，由低到高分别为生理需求、安全需求、归属与爱的需求、尊重需求以及自我实现的需求，其中归属与爱的需求是指对友情、爱情、亲情等的需要，一旦得不到满足，便会给个体带来许多负面情绪。而在毒品阴影下的家庭一般是关系紧张的，吸毒人员无法再从家庭中获得关怀。吸毒人员在爱与归属的需要方面往往得不到满足，缺乏亲密人际交往与情感交流，归属感下降，极易陷入痛苦。

应对之道

首先，我们需要调整自己的状态，稍微平复我们失望痛苦的心境。我们可以采取目标转移法、向第三方求助等方法平复自己的心情。

其次，换位思考。在心情稍微平复之后，我们要思考为什么我们的各种人际关系会濒临破裂。可以使用换位思考的技巧，想一想，如果你是父母/妻子/朋友，在和"我"的联系中感受到了什么痛苦与不安；为什么要走到和"我"决裂的地步。理解他人的想法，我们就知道这不是什么公平不公平的问题，而是一种无奈和必然。这也许听起来残酷，但只有以这样的方式认识到事实，我们才能去改变。

最后，确立人际目标。我们的目的是重新获得亲情、友情、爱情，为此我们要做的工作如下：与家人沟通，承认错误；彻底戒断毒品，不再复吸；回归社会后努力工作，关心家庭，回到平常生活中。

心理小贴士

当我们因为吸毒而失去了亲情、友情和爱情时，不要以为世界就此黑暗无光。这只是人生路上的一场暴风雨，虽然它来势汹汹，但雨过总会天晴。只要我们真心悔过，勇敢地与毒品决裂，努力去弥补曾经的过错，爱就有可能重新归来。每一次跌倒都是成长的契机，每一次挫折都是蜕变的前奏。相信自己内心的力量，用坚定的信念和不懈的努力，去赢回那些曾经失去的温暖与爱。

28 戒毒中该如何与家人维系情感？

案例导入

出生于20世纪70年代的戒毒人员S，是家里的独生子，已婚且育有一子。10年前S开始吸食新型毒品，性格比较敏感，沉默寡言，对谈话较为抵触，且在入所后的8个月时间里，和家人没有丝毫的联系。民警通过查阅档案、电话回访等方式了解到S的父亲已去世，S与家人关系冷淡，他的妻子负气奔走外地，独留老母亲和幼子与自己生活在一起，生活无望。S被强制戒毒后，妻子被迫回家照顾老母亲和幼子，家庭矛盾进一步激化。因此，S也不想与家人联络。

心理解读

原本完整的家庭，在家庭的主要支柱S陷入毒瘾后，变得分崩离析，妻子负气出走。又因为S进了强制隔离戒毒所，妻子不得不回来照顾家庭，心里当然有怨气。而老母亲与年幼的儿子也突然失去了一个主要依靠，生活也变得艰难。家庭的巨大变化是由S造成的，他心里其实也有愧疚感，体现在行为上就是逃避与家人的沟通交流。虽然是掩耳盗铃的做法，但却可以让S略微安心一些。本质上，这是因为S不知道如何去和家人沟通，表达自己的愧疚。但家人永远在那里，没有人能回避，S应该克服自己内心的阻力，找到正确的方法，和家人保持情感联系。

应对之道

当面对人际关系的危机时，人们倾向于作出四种反应：忠诚等待、沟通、忽视和退出。这四种反应又分为两种交叉的态度维度，即主动性和建设性。案例中的S的反应属于主动破坏性。

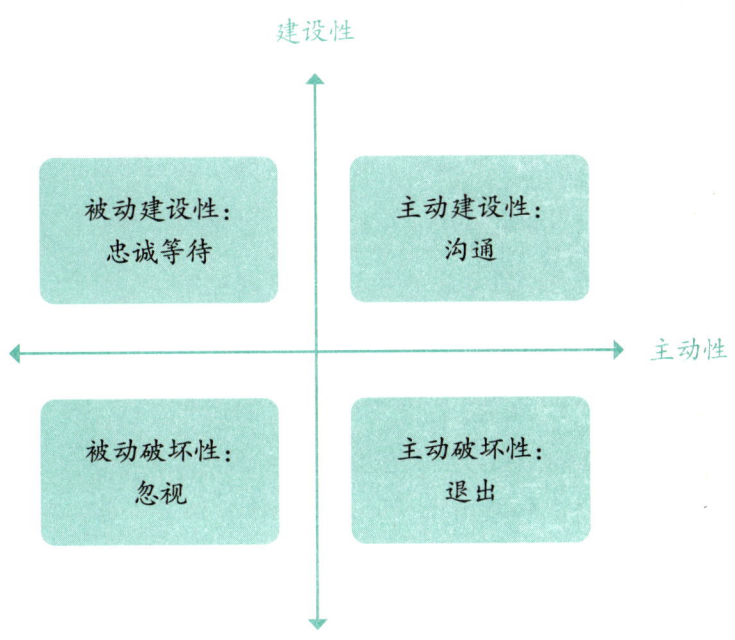

通常来说，一段情感关系从融洽走向终结，需要经历分歧、收敛、冷漠、逃避，最后走向终结。上述例子中的人际关系，已经进入逃避阶段，如果持续，必然会走向破裂。因此可以采取主动建设性的措施对人际关系进行挽回，也就是需要采取适当的沟通方式对情感关系进行挽回。

如果缺乏联系家人的勇气，请询问自己：我希望和家庭失去联系吗？不联系情况会变得更好吗？我为什么不愿意联系家人？前两个问题是在问我们情感联系的必要性，后一个问题暴露出我们的非理性抗拒。当意识到自己是在做破坏性的忽视后，我们会更有勇气来尝试和家人沟通。而沟通可以通过下述方法进行。

电话沟通。如果现场沟通有顾虑，那么电话沟通是非常便捷的渠道，你可以选择自己家庭作息规律中的某个方便接听电话的时间段，与家人进行电话沟通。沟通的内容可以表达两个重点：一是自己的戒毒进度，表明自己戒断的决心；二是了解家庭情况，安抚家人情绪。在家人之外，我们也可以联系其他的较亲密的亲戚或者朋友，加强和整个情感网络的联系。

面对面沟通。除电话沟通外，我们还可以进行面对面的沟通（在戒毒所进行戒毒的人员，根据戒毒所规定许可沟通），这种沟通虽然比电话沟通更麻烦，但效果比电话沟通更好。

心理小贴士

戒毒人员如同在暴风雨中挣扎的孤舟，格外需要非暴力沟通。首先，他们内心敏感脆弱，非暴力沟通能避免刺激，给予他们心理慰藉。其次，非暴力沟通有助于他们表达情感需求，促进自我认知和反思。最后，运用非暴力沟通以营造出和谐氛围，有利于与他人建立良好关系，获得更多帮助与支持。

在非暴力亲子沟通四步练习法中重点练习积极倾听。

第一步，要留意发生的事情。

要留意发生的事情，我们此刻观察到了什么。要点是清楚地表达观察结果，而不判断或评估。

在观察的过程中，我们可以这样问：你为什么会这么想？为什么会这么做？你是怎么做到的？你这样做时，有什么感受？心里是怎么想的？

第二步，表达感受。例如我们感到害怕、开心、气愤等。

第三步，说出导致这样的感受的原因，诚实地表达自己。

第四步，提出具体请求。将提出的解决方案或方法转化为积极的、可执行的行动语言。

我还能成为家里的顶梁柱吗?

案例导入

戒毒人员N自吸食毒品后,意志消沉,沉默寡言,人际关系紧张。N常常表现出对家庭的愧疚,认为自己亏欠了家庭。他说道:"吸毒这么多年,最多能做到的是打工糊自己的口,没给家里留一分钱。因为多年的吸毒经历,妻子已经离开了家庭,娃娃和老人家没人管,我都不知道该怎么办了。自己经过几次戒毒,也想远离毒品,好好地赚钱补偿家庭,但是不知道家里人还会不会接受自己。"

心理解读

一个家庭的经济支柱一般为处于中间一代的青壮年,尤其是青壮年男性。这个阶段的人本来应该是一个家庭的支撑,上有渐渐老去的父母等待赡养,下有年幼的孩子需要养育。有一些家庭里,夫妻双方一起扶持家庭;但在一些家庭里,全家老小都要靠一个人来养活。这个主要劳动力一旦沾染上毒品,不仅失去了承担家庭的抚养能力,甚至还会成为家庭的负担。因为毒品不仅损坏人的身体,还在心理上让人产生依赖。吸毒者往往无法集中精力去做一些基本的工作,天天惦记着毒品带来的短暂愉悦,不论是在体力劳动还是脑力劳动上都会感到比较乏力。此外,由于吸食毒品的费用非常昂贵,吸毒所花的钱是难以计算的,就算是大富大贵的家庭,最后也会倾家荡产。

中青年往往在精神上也是家庭支柱，他需要关心老人的身体健康，关心孩子的学业和心理情况，这对于一个家庭的稳定尤为重要。吸毒者不是不明白自己对于一个家庭的重要性，也知道自己要承担的家庭责任，只是当还陷在吸毒里，身心完全被毒品所占据的时候，他们管不了那么多。吸毒人员心里有很多的疑问：我从戒毒所出去以后，还可以承担支撑家庭的责任吗？老人和小孩还会把希望放在我身上，以我为依靠吗？还是他们已经对我失望，不把我看作家里的一员了呢？

应对之道

俗话说，浪子回头金不换。想要重新做家里的顶梁柱，重新承担家庭责任，什么时候都不晚。对于戒毒人员来说，离开戒毒所之后，还涉及一个家庭成员会不会接受自己和重新信任自己的问题。冰冻三尺非一日之寒，之前自己的所作所为让家人伤透了心，现在要回归家庭，让他们信任，是需要花一些时间的。

真诚、坦诚地与家人沟通。要融化与家庭关系的坚冰需要较长的时间，因此，越早开始越好。在沟通中，我们可以首先向家人表明自己的悔意和决心，把自己的内心想法、情感真诚地向家人诉说和表达。言为心声，家人是能感受到的，这能为家人接纳自己开个好头。在戒毒所内，我们无法亲身照顾家庭，但是可以拜托亲戚朋友，让他们对自己的家人多多关心，在家人需要帮助时伸出援手。

认真完成习艺劳动，练就一技之长。既然我们要成为家庭的支撑，当然需要一份工作来养家糊口。我们应在戒毒所内认真接受教育与技能培训，掌握一些技能，为将来的工作生活做好铺垫，以便戒毒期满后，可以较快地回归并融入社会。如果因为吸毒，以前的工作岗位失去了，我们也可以尝试从事新的工作。

值得注意的是，虽然表达自己的后悔与内疚是与家人和解、重新承担责任的重要步骤，但一定要掌握好这个度。鲁迅笔下有一个人物"祥林嫂"，她的孩子被狼叼走吃掉了，她逢人就哭诉："我真傻，真的……"刚开始，听到她故事的人都会陪她一起落泪，久而久之人们厌烦了，听到她的哭诉就皱着眉头走开。我们切莫做祥林嫂，把自己的痛苦反反复复说，只需要适时地、真诚地和家人沟通，掌握好时机和次数，让家里人感觉到我们的真诚即可。否则，一直说后悔，只会让人觉得我们的负能量太多，不够积极，没有向前看。

心理小贴士

　　吸毒可能会让我们迷失方向，让我们不再是家里的顶梁柱，但这绝不是终点。人难免犯错，重要的是有勇气重新站起。内心深处的那份责任和爱将成为我们战胜毒瘾的强大力量。每一次戒毒的努力，都是向着光明靠近。虽然此刻家庭关系出现裂痕，但只要我们真心悔过，用实际行动证明改变的决心，温暖终会回归。家人是我们的依靠，改变后的我们也会再次成为他们的骄傲。只要心怀希望，未来的路依旧充满阳光。

30 我还能成为孩子的榜样吗？

案例导入

案例1：戒毒人员I，男，41岁，高中学历。在所期间，I常常思念亲人，尤为挂念女儿，经常出现焦虑、抑郁等心理反应。据其自述，他看到电视上有相关内容或者听到相关歌曲时会哭，认为自己没有尽到做父亲的责任，不知道怎么弥补。

案例2：戒毒人员V，男，48岁，小学学历。在儿子高考前1个月，V沉默不语，郁郁寡欢，经询问得知，V即将高考的儿子决定放弃高考，辍学去沿海城市打工。V的儿子平时比较听自己的话，可是自从V吸食毒品后，"威力"大不如前，儿子也不听他的话了。儿子的事情让V既焦急又懊悔，他觉得自己没有教育好儿子。

心理解读

对后代的抚养教育是我们中国人非常在意的一件事，做父母的都望子成龙、望女成凤。古语有云："譬如芝兰玉树，欲使其生于庭阶耳。"孩子有出息是一件光耀门庭、阖家欢喜的事情。而对孩子的教育是点点滴滴累积起来的。成为一个好的家长，既要我们给孩子更多的陪伴和关心，告诉他们正确的人生观念，又要我们在人生道路上以身作则，通过认真踏实地工作让孩子在潜移默化中学习到正确的人生态度。

但是对戒毒人员来说，这两个方面都难以做到。一方面，为了戒毒，增加家庭经济收入，他们无法长时间陪在小孩身边；另一方面，吸毒行为让他们暂时失去了作为榜样的资格，谁的小孩都不会以自己的父母吸毒为荣，我们也绝不希望小孩子学习吸毒行为。吸毒不但无法起到榜样作用，还会使小孩长大后的行为受到影响，甚至可能去做违法犯罪的事情，这对无辜的孩子来说太不公平了。

没有父母希望自己的孩子一直以自己为耻，父母都希望自己能够成为孩子的榜样。尤其是在戒毒期改过自新后，戒毒人员往往能认识到自己吸毒的危害，意识到自己应该承担的家庭责任与自己对孩子的表率作用，想重新变成孩子的榜样，成为负责任的父母。

重新成为小孩的榜样，是很多人美好真挚的愿望，但小孩能不能重新接受曾吸毒的父母呢？重新成为榜样，换句话来说，就是改变孩子对我们的坏印象，转而形成好印象。要知道，当前人们（包括自己的孩子）普遍是戴着有色眼镜来看待吸毒成瘾人群的，同时，人们也普遍认为吸毒成瘾人群要想彻底改变也是非常难的。因此，我们该如何重新在孩子面前树立起榜样呢？

应对之道

想要重新成为孩子的榜样，让孩子听从自己的教导，认可自己家长的身份，这需要我们分三步来做。

第一步，时刻关心孩子。 虽然自己还处在戒毒期，仍要积极地与孩子沟通，展示出自己正在积极戒断毒品的同时，也在关心他们。沟通的方式可以是书信、电话、面谈等。

第二步，正人先正己。 回归社会之后，我们要确实改掉吸毒的恶习，不再接触毒品，并且要承担起做家长的责任，用自己的劳动来支撑起这个家庭。要想孩子从自己身上学习到什么品质，首先得自己先拥有好品质。想要孩子努力学习，自己就得积极向上。只有以身作则，才可以让孩子信服。

第三步，召开家庭会议，获取家庭支持。 我们可以邀请家庭或者家族中较为权威的人士，参与家庭会议。在家庭会议上，自己在众人（包括孩子在内）的面前，表述自己的心路历程，做深入的交流，请权威人士当众表达对自己的肯定，尤其是当着孩子的面儿，肯定自己已经改过自新，真正重新承担起了家庭责任，有了家庭的责任和担当意识。不要怕孩子因为以前的坏印象而感受不到自己的改变，只要自己确实是发自内心地改变，并且如此去做了，就一定能被孩子察觉到。

心理小贴士

父母的品行、对孩子的关心和对家庭的责任才是决定孩子崇拜的关键。品行良好的父母，他们具有诚实、善良、正直的品质，能以身作则，为孩子树立道德的标杆。孩子在成长过程中，也会不自觉地模仿父母的行为，这种言传身教的力量是无穷的。他们能以高尚的品德赢得孩子的尊敬和崇拜。对于那些吸毒的父母，孩子看到的不再是那个可以依靠、值得崇拜的父母，而是丧失理智和责任感的陌生人。所以我们在戒毒后就应当坚守良好的品行，关心孩子的成长，承担家庭的责任，这样才能重新成为孩子崇拜的对象。

31 我还能得到家人和朋友的支持吗？

案例导入

某男性戒毒人员Q，48岁。由于Q吸毒多年，身边的家人和朋友都像躲瘟神一样躲着他，甚至连他的父母也被Q折腾得心力交瘁，表示对Q不再抱任何希望。接二连三的打击让Q变得十分悲观，Q对戒毒失去了信心，认为自己已经成了孤家寡人，戒毒对自己来说已经没有任何意义，不如就此随波逐流，所以对民警数次顶撞。

心理解读

人是一种群居动物，是一种社会性动物。每个人都需要和他人沟通、联系，交流物资、交流情感，这是我们作为人的天性。家人既是我们烦心时、劳累时的依靠，也是我们拼搏努力的动力；朋友是我们在家人之外的倾诉、交流的对象，朋友既在情感上满足了我们倾诉交流的欲望，也在我们实际需要帮助时伸出援手。

戒毒人员肯定需要家人和朋友的支持。在强制隔离戒毒期间，由于身处封闭的环境，面临单调的生活，身处其中的人有时候内心苦闷，又不知道未来会如何，充满迷茫。此时，家人和朋友的支持可以帮助戒毒人员缓解压力，提高戒毒动机，摆脱对毒品的依赖；在回归社会的过程中，家人和朋友更是戒毒人员主要的支持来源。支持分为两种：物质支持和精神支持。前者包括金钱等直接支持,后者包括鼓励、尊重等情绪上的不可见的支持。在回归社会过程中,广大戒毒人员既需要家人和朋友给予情感上的慰藉,提供心灵上的帮助,也需要在必要时给予他们物质支持,好让他们重新尽早步入正轨。

诚然,自身需要是一回事,家人和朋友是否会像以前那样再次支持我们,又是另一回事。首先,在吸毒期间,家人和朋友都曾苦苦劝说吸毒者远离毒品,但毒品的诱惑太大,在没有强制力的情况下,绝大部分人根本抗拒不了毒品的诱惑,让他们一次次失望。其次,长期的吸毒需要大量的金钱,少不了要向家人和朋友开口借钱,也许借的时候吸毒者还信誓旦旦说要还钱,但最终也还不上,这也使家人和朋友渐渐地远离了他们。最后,由于毒品的危害路人皆知,广大群众对吸毒者产生了强烈的歧视、排斥心理,认为"一旦沾上毒品就万劫不复"。甚至有时候,朋友对戒毒人员的支持,还会使他们面临不好的名声,被人在背后嘀咕"他怎么和吸过毒的人混在一起"。种种原因,都使得家人和朋友不敢再次支持戒毒者。

应对之道

想要获取家人和朋友的再次支持,首要的也是最重要的一点,就是我们要坚决地拒绝毒品。只要我们还在吸食毒品,就不可能再次获取支持。

对于以往的吸毒行为,我们要认真地反思与悔过。面对自己犯下的过错,不要因为好面子而遮遮掩掩。承认自己以前的吸毒行为错了,是我们宣布自己改变的开始,也是家人和朋友接受我们的开始。

远离毒友。俗话说,近朱者赤,近墨者黑。和毒友划清界限,既可以防止自己在他们的引诱下再次走上吸毒的道路,又可以让家人和朋友看见自己戒毒的决心。许多研究证实,有不良同伴的人比没有不良同伴的人更可能产生反社会行为。而且,与不良同伴交往会增加自己的吸烟、饮酒、吸毒、暴力攻击、违法犯罪等行为。远离不良同伴,获得家人与其他好友及社会的大力支持,认同家人和良友,减少与不良同伴群体的交往,才能有效提高戒毒动力。

规划未来。我们想要做什么工作,有什么小目标,要详细写下来,并告诉家人和朋友自己的计划,越具体越好。这样可以让我们更好地执行自己的目标,也能加强家人和朋友对自己改过自新的信任度。

一步一步获得支持。心理学有一个登门槛效应，指的是我们可以先提出一个对方易于接受的小要求，这可以提高对方接受自己随后的更高要求的可能性。这种现象，犹如登门槛时要一级一级地登台阶，这样才能更容易、更顺利地登上高处。这启示我们，要使家人和朋友重新接纳自己，是需要一个过程的，一下子不宜对他们提出过高的要求，我们可以先提出一个小要求，寻求小的支持。比如帮助我们留意岗位信息等，后期可以请他们帮自己介绍工作、给予资金帮助等，每寻求一次帮助，要让对方看到这个帮助对自己有效果，给予对方正向的反馈，这样对方可能之后会更乐意向我们提供支持。

愿望清单。寻求家人和朋友的支持需要一个循序渐进的过程，我们要在这个过程里不断通过行动与自身的改变来获取他们的支持。使用愿望清单能够帮助我们清晰自己对家人和朋友的需求，可以在不断的小惊喜里获得持续的力量。

第一步：做好心理准备。愿望清单是由自己定制，完成的情况与自己制定的清单的可行性有关。因此，如果有清单没能按时完成，也不要着急放弃，寻找问题的原因。

第二步：列出清单。按照短期能实现的小愿望和长期实现的大愿望进行罗列，要详细具体且可以量化。

第三步：执行清单。在每次完成一项愿望时，我们要在清单中做上标记。进行一段时间后，我们会发现这份清单中不断完成的小愿望会给自己带来持续的力量，让自己能得到家人和朋友的接纳与支持。

心理小贴士

家人和朋友的包容向来是广博的、深沉的。戒毒后，我们常常会不安与忐忑，总是无比担心因为自己的不光彩的事情，从而导致家人和朋友对自己的关爱与支持出现变化，甚至消失殆尽。但实际上，这种担忧往往是多余的。在家人和朋友的眼中，爱不会因为一时的错误而褪色。即便我们在人生的道路上犯了错误，只要能够诚心地悔改，拿出重新开始的勇气和决心，家人和朋友依然会一如既往地张开温暖的怀抱，给予我们毫无保留的支持，成为我们最坚实的后盾。

32 怎样面对举报自己的家人？

案例导入

Z因吸食毒品于2012年进行了强制隔离戒毒两年。三年后，Z又在家吸食毒品，精神异常兴奋，被父亲发现。父亲担心这样下去会出大问题，拨打了110报警，将Z送到了警察手中。Z入所以后表现一般，交流少，遇事偏执认死理，对周围的人没有信任感，对戒毒持无所谓的态度。通过谈话，民警初步了解到Z对父亲打电话报警一事耿耿于怀，他始终不理解自己的父亲为什么会打电话报警，让警察从家里把自己带走。这对他刺激很大，以至于家人从老家赶过来，他也不愿意见面，情绪低落。

心理解读

因发现家人吸毒而"大义灭亲"的事件时有发生。这时吸毒者会感到伤心、绝望，其家属心里也不是滋味。双方表明想法可以缓解双方的误会，为和谐的家庭环境奠定基础。

吸毒的后果人人皆知，大家都不忍心亲眼看到自己的亲人就这样被毒品残害、折磨下去。为了吸毒者的未来、家庭的幸福，家人会在劝说无效或者管教无力的情况下选择报警，这才出现了该案例中的Z被家人举报并送至戒毒所的那一幕。

其实，报警的家人的心里也是五味杂陈。都说每个吸毒者的身后都有一对肝肠寸断的父母，他们也不希望发生这一幕，他们也希望家庭和睦美满，他们也非常地痛心和无奈，但是为了长远的发展，为了挽救吸毒者，不让其陷入吸毒的深渊才不得不选择举报。

尽管家属是出于爱护，但吸毒者还是会有一种强烈的背叛感、被抛弃感、被迫害感，觉得自己并没有做什么天理不容的事情，觉得自己并没有像亲人说的那样恐怖，自己也可以控制当前的形势，所以有的人不理解为什么家人要无视血缘亲情举报自己。

应对之道

积极视角。面对家人的举报，要有意识地摆脱"受害者"思维，用"幸存者"的思维去面对。家人这样的行为并不是想要伤害我们，反而希望我们生活能够变得更好，于是作出将我们交送至戒毒机构的选择。在人生中，无论处于什么样的境地，多角度去看待问题，以积极、乐观的态度去面对人生中遇到的一切，接纳与理解家人对我们的关心与帮助。

控制情绪。当得知是家人举报了自己，情绪的浪潮可能会瞬间将你淹没，愤怒、怨恨、委屈等情绪会一股脑地涌上心头。这是极为正常的心理反应，但在这个关键时刻，一定要努力克制自己。你可能会气得浑身发抖，想要立刻找家人理论，甚至可能产生一些极端的想法。然而，冲动行事就像是打开了潘多拉魔盒，只会让局面变得更加糟糕。

换位思考。换位思考又称为心理换位，是设身处地地考虑他人的感受和立场，理解对方的观点和情绪，是一种理解与宽容，是心与心的交流与谅解。接下来请你准备好笔和纸，把自己放在父母的角色上，将下列7种情况下的真实想法、真情实感和做法都写下来：

情况1：如果你是父母，自己的孩子正经历吸毒，此时的你会有什么想法？准备怎么办？

情况2：为了阻止孩子吸毒，你试着做了各种努力，看起来好像有效果了，直到某一天你得知自己的孩子仍然隔三差五地吸毒，此时你的想法是什么？你的心情会怎样？你准备如何处理？

情况3：某天，你又发现自己的孩子正在吸毒，你无可奈何，同时又忍无可忍，决定报警，此时你的想法是什么？你的心情会怎样？

情况4：当你准备打电话给警察的时候，你的内心会有怎样的冲突？

情况5：当自己亲眼看见警察将孩子从家里带走的时候，作为父母的你，内心的想法是什么？情绪会怎样？

情况6：当孩子已经在戒毒所内进行戒毒了，你内心的想法是什么？情绪会怎样？

情况7：当孩子因自己举报而被送往戒毒所后总是埋怨自己，此时你内心的想法是什么？情绪会怎样？

回答完这7个问题后，你的心情是怎样的？之前那种"想不通为什么会被家人举报"的症结是否有所改变？那种对家人耿耿于怀的情绪是否有所改变？

如果有，试着去与家人进行坦诚的沟通吧！亲口告诉他们，你已经理解了他们的做法。这既能卸下他们的心理负担，也能消除你的心病，家庭关系可以从这里重新开始。

心理小贴士

吸毒这一行为已经让我们走在了错误的道路上，家人深知若不及时纠正，后果将不堪设想。他们的举报，并非出于恶意，而是出于对正义的坚守和对亲人更深沉的爱。他们希望通过这种方式，让犯错的亲人能够清醒地认识到自己的错误，从而有机会改正，重新走上正途。或许从短期来看，举报会带来关系的紧张和冲突。但从长远来看，这可能是拯救亲人的关键一步。家人明白，真正的关爱不是纵容，而是引导和纠正。所以，我们应该尝试去理解这种看似残酷的行为，其中蕴含的可能是家人为了让我们更好、更正确地前行所做出的艰难抉择。

家人总怀疑我复吸怎么办?

案例导入

戒毒人员L以打零工维持生计,经常和朋友喝酒打牌,做一天和尚撞一天钟,但并没有继续吸毒。不过周围很快传出L再次吸毒的流言,L的妻子与父母也时常质问他是不是又去吸毒了。L感觉很委屈,自己明明没有复吸为什么一定要赖到自己头上?连自己家里人都不相信自己。

心理解读

一般来说,戒毒人员解除戒治后,以为自己终于摆脱了毒品的折磨,可以开始新生活了。但实际上,尽管戒毒人员没有再吸毒,其他人却不一定也这么认为,就像案例中的L。为什么会出现这种情况呢?

毒品本身的特点。"一日吸毒,十年戒毒,终生想毒。"这句话充分说明了毒品具有极强的成瘾性和精神依赖性。依赖行为最主要特征是心理渴求,它贯穿于整个成瘾过程,会产生一系列戒断综合征和复吸行为,以及对毒品有耐受性和敏感性。一旦沾染毒品,很难戒除,导致大部分吸毒者常常会陷入"吸毒—戒毒—复吸—再戒—再复吸"的恶性循环。

戒毒人员自身的精神面貌。部分戒毒人员从戒毒所结束戒毒回归家庭和社会后,由于各种原因一时半会儿无法找到稳定的工作。有的自由散漫惯了,不愿上班受约束,于是就像案例中的L一样,打个零工,有钱就喝酒打牌,没钱就再去做两天事，混混日子。这样的生活状态和精神面貌，让他人对L产生了不务正业、游手好闲的错觉，难免让人怀疑。

戒毒人员与家人的沟通不畅。很多戒毒人员，特别是男性，出于面子或者羞愧，或者家庭关系本来就不甚亲密，不愿意和家人交流自己戒毒的情况。这就导致家人对戒毒者戒毒的成效不了解，对是否会再去吸毒心里没有底。众口铄金，假也成真，于是难免遭受亲人的怀疑。

应对之道

古人有言："谁人背后无人说，谁人背后不说人。"这表明我们无法左右他人对自己的评价。但我们可以用一些具体行动来证明自己，特别是获得家人的信任。具体做法如下。

恢复体力。吸毒后，人的身体机能有所下降，因此首要的是进行体能的恢复，比如进行气功、太极拳、跑步、瑜伽、自由轮转等运动。

恢复生活作息规律。把以往"夜猫子"甚至是"夜不归宿"的习惯彻底改变，让自己的作息与家人基本同步。

积极寻找一个合适的、相对稳定的工作。一开始找工作可能会很难，甚至会找不到工作，或者只能打点零工，不过没关系，即使是打零工也可以干出积极努力、昂扬向上的劲头来。

减少参加不必要的娱乐活动。打麻将、打牌等娱乐活动尽量不参加，偶尔聚会玩一两次没关系，但切记不要上瘾，以免影响日常生活。多和朋友进行一些体育锻炼或者独自一人阅读学习，提高个人素养，培养自己的文化底蕴。

远离损友，拒绝毒友。对那些总是贬低自己、品行不好的朋友要远离，这类损友会影响自己的精气神和生活状态；对于毒友则要坚决拒绝，正所谓"近朱者赤，近墨者黑"，即便自己内心再坚定，时间长了，也可能重回深渊。

积极配合公安机关定期参加尿检。这不仅可以作为防止自己复吸的心理盾牌，也是向他人展示自己未曾复吸的证据。只要自己真的没有复吸，每次尿检结果就是最好的证明，也是告诉所有人自己没有再沾过毒品的最好证据。

心理小贴士

　　成语"疑邻盗斧"来自这么一个故事。从前有个人，丢了一把斧子。他怀疑是邻居家的儿子偷去了，便观察那人，发现那人走路的样子像是偷斧子的；看那人的脸色表情，也像是偷斧子的；听他的言谈话语，更像是偷斧子的。那人的一言一行、一举一动，无一不像偷斧子的。不久后，这个人在翻动谷堆时发现了自己的斧子，第二天又见到邻居家的儿子，就觉得他的言行举止不像是偷斧子的人了。

　　这个故事告诉我们，当人以成见去观察世界时，必然歪曲客观事物的原貌。我们作为那个被歪曲的人，不必灰心丧气，因为身正不怕影子斜。

34 总担心自己不被家人接受怎么办？

案例导入

戒毒人员W是家中独子，早年学习成绩也不错，父母对其寄予了厚望。进入高中之后，W的成绩下滑得厉害，高考的成绩很不理想，父母对此比较失望。W不愿复读，高中毕业后就走向了社会，南下打工，结识了一些不好的朋友，并在他们的引导下走上了吸食毒品的道路。戒毒过程中，W比较沉默，很少与人说话，也不怎么和家里通电话。经询问得知，他觉得自己让父母失望了，不管自己怎么努力，父母都不会再接受自己，因此十分沮丧。

心理解读

每个家长心中都有"望子成龙""望女成凤"的愿望，尤其是当家中只有一个孩子的时候。当孩子走上吸毒的违法道路时，作为父母岂止是失望，简直是痛苦、绝望。父母痛苦、绝望的究竟是什么呢？主要是人人皆知的毒品对人的身体、心理、经济的破坏，以及吸食毒品所面临的无法挽回的未来，当然也包括吸食毒品对家庭的伤害。

事实上，吸毒者深知上述各种不良后果，也担心家庭成员会对自己绝望。正如案例中的W，作为独生子，他从小与父母一起长大，在他眼里，没有其他亲人可以依靠，如果父母抛弃自己，对自己不闻不问，意味着自己将失去一切支撑，内心既恐慌，又担忧，还带着内疚。

 应对之道

作为戒毒人员，我们可以做好以下三个方面的工作。

主动争取家庭成员的支持。有研究发现，吸毒与复发不是靠个人就能解决的内部问题，而是存在于更大的社会系统中，特别是家庭中。家庭成员间的情感联系会影响到个体对毒品使用。社会支持理论认为，家庭支持是社会支持的重要组成部分，拥有良性家庭支持的个体能够积极应对、缓解负面情绪和压力。因此，我们需要主动向家人公开自己的戒毒决心和计划，以获得他们的支持。

提高家庭亲密度。研究显示，青少年的家庭亲密度可以预测物质成瘾行为。青春期的人如果能处于亲密度更高的家庭环境中，则会表现出较少的物质成瘾行为。相反，在低亲密度的家庭环境中成长的人，其物质成瘾行为会增加。家庭关系较差的人不太可能把与家庭成员倾诉作为应对逆境的一种方式，他们倾向于寻找其他不太健康的策略，如使用药物来缓解他们的消极情绪和减少焦虑。

锻炼自身积极的心理品质。积极品质是个体赖以生存与发展的核心要素，也是抑制行为问题发生的有效因素。研究表明，大多数成瘾者都经历过心理问题，并多次尝试戒断，但他们认为自己太弱，最终无法戒除自己的坏习惯。因此，戒毒者应从一些力所能及的小事开始做起，不断提高自身积极的心理素质。

心理小贴士

从前，有一个青年人和母亲相依为命。青年人迷上了佛法，从此不理家庭琐事，也不怎么与母亲说话，一心想要成佛。青年人知道百里外有一位大师，他不辞辛苦来到大师门下，问道："大师，我要如何才能成佛呢？"大师对他说："你现在就去四处游历化缘，等遇到一位不穿鞋替你开门的人时，你便可涅槃了。"青年人听闻此话，当即辞别大师，四处化缘，敲响了无数的门，但从未有不穿鞋的人替他开门。几年之后，青年人心灰意冷，觉得自己与佛无

缘，便踏上了回家的路。到家门口时已是午夜。他敲了一下门，说道："我回来了。"门内当即传来了急促的脚步声，他的母亲急切地拉开了门，喊道："儿子，你终于回来了！"他低头一看，母亲为了开门太匆忙，连鞋都没有穿。他当即大悟，泪流不止。

　　家人可能会在自己做错事时因生气而斥责了两句，但也会在我们洗心革面后无条件地接受我们。家庭中不仅仅只允许有健康、愉快与富足的存在，也允许有病痛、争吵与贫困的存在，我们与家人分享的既有成功也有失败，既有喜悦也有烦恼，但家人之间不会有嫌弃与厌恶，只会有接受与帮助。家，永远是我们的避风港。

第五篇
情绪调适篇

35 常常感到自责、内疚怎么办？

案例导入

"90后"的女性戒毒人员H，由于高考过后父母放松了对H的管控，H和初中被迫断绝往来的"问题学生"重新取得了联系，并被同学以"吸毒能减肥""不上瘾"等理由诱骗吸毒。第一次接触毒品后，H禁不住诱惑偶尔利用大学放假间隙吸毒。2012年，H因吸毒被公安机关处以行政拘留、处罚。8年后，H和朋友聚会时再次吸食毒品被公安机关抓获，被送往强制隔离戒毒所戒毒。入所后，父母对H的复吸行为感到非常痛心，拒绝与H打亲情电话和进行视频探访。由于对自己的吸毒行为十分悔恨，对父母、丈夫深感内疚，H自述不敢想象出所后怎样面对家人，出现了焦虑、失眠等症状，整日心神不宁，对日常教育戒治等各项活动提不起兴趣。

心理解读

案例中的H家境优越，对于H来说，她吸毒的行为辜负了父母这些年的付出以及对她的期望。父母因她的复吸行为而拒绝与其通话，更是让H意识到父母对自己的失望。H觉得她不仅没有回报父母对自己多年的养育，反而还给他们添麻烦，因而对父母感到非常愧疚。

H在被执行强制隔离戒毒后产生了悔恨、内疚的情绪，并害怕出去后难以面对家人，这是颇为常见的心态。很多和H一样的吸毒者都有同样的问题。根据我国法律，买卖和吸食毒品都是违法的。广大人民群众对吸毒者抱有愤怒和鄙夷的心态，因此很多人在吸毒后都认为自己对不起家人，觉得自己不仅没有让父母骄傲，反而让他们因自己的违法行为在邻里乡亲面前丢脸。在戒毒过程中，他们会想到父母、伴侣和孩子因为自己而被别人讥讽、看不起，自责自己给家人带来了困扰和麻烦。

人们会因为自己的选择偏离了家人和朋友对我们的规范和期望而感到内疚，这种内疚感来自于背叛感。比如，父母要求我们不要走上歧路、邪路，但是自己没有听进去，最后真的走了违法吸毒这条邪路。因此，自己难免会感到背叛了父母。

内疚的后果之一是自我谴责，但不同程度的内疚对自己的影响存在差异。

轻微的内疚：它会时常出现于我们的脑海或耳边，让我们不能集中注意力，无法静下心来，妨碍我们的日常生活。

严重的内疚：它会消耗我们的精力，麻痹我们，使自我谴责占据生活中的大部分时光，让我们感受不到快乐，生活和工作都一团糟，精神也临近崩溃。

过度的内疚：它会使我们试图进行自我惩罚，做出自我破坏或自我毁灭、非自杀性自伤行为，甚至自虐。它之所以会使我们采取处罚措施，是因为我们想要通过自我惩罚来告诉别人自己的懊悔，以此重新获得他人的谅解。

内疚的后果之二是阻碍沟通。严重的内疚会使自己与家人之间无法坦诚地交流。为减少可能的再次伤害，一些人在和家人沟通时，会避免提到吸毒这件事，避开可能与毒品有关的相关话题，时间一长，不能提及的话题会越来越多。最终，家人可能会干脆避开吸毒者本人。

应对之道

内疚是一个警示信号，它提醒我们自己可能伤害到了别人。治疗内疚最有效的方法是修复自己与家人、朋友的关系。修补破裂的关系，赢得对方真正的宽恕，会使我们的愧疚显著减少或消失。

正确看待内疚情绪。内疚是一种很常见的情绪体验,在一天中人们超过13%的时间都会体验到这种情绪。内疚是一种不愉快的,甚至是令人痛苦的体验,内疚也是一种消极的道德情绪。大多数研究者认为,内疚还是一种适应性情绪,它可以增加个体的道德行为并抑制不道德行为。由此可知,当内疚情绪产生后,人们常常会在某种程度作出一些积极的行为,如修正以往的有害行为(如减少与不良同伴的交往)、尝试补偿(如因戒毒没有好好陪伴家人,内疚后增加在家陪伴时间)等。

真诚地向亲人道歉。一般来说,只要你真诚地向亲人道歉,在亲人接纳后,内疚感就能得到缓解,但在现实生活中,这种道歉通常会被认为是言不由衷的,效果往往会适得其反。其实,会被这样认为的原因在于道歉不够真诚、有效。

1.道歉的要求

对自己吸毒的事情表示遗憾,明确向亲人表达"对不起",请求亲人的原谅,肯定对方的感受。

2.道歉的具体做法

第一步:向家人完整地讲述自己吸毒这件事,以便他们能掌握全部事实。

第二步:表达你对所发生的事件的理解(即使它是错误的)。

第三步:站在家人的角度,阐述事件对家人造成的影响。

第四步:站在家人的角度,告诉对方你对其感受的理解。

第五步:围绕家人的情绪状态,表达你的同情和自责。

第六步:告诉家人,自己已经意识到吸毒这件事伤害了彼此的信任,但自己愿意尽最大可能为此进行弥补。

所有这一切都必须以真诚的态度来对待。

自我宽恕冥想。舒适地坐下,让呼吸变得自然。开始时,默默地(或者出声)向你伤害过的人陈述请求宽恕的话语。你可以试着说:"如果我有意或无意地伤害了任何人,我请求他们的原谅。"

你可能会发现,宽恕一个人时可能会勾起关于另一个问题或人的记忆。不要力图把这些感觉或想法推开,而是把注意力集中在练习上,不要因为分心而感到内疚或自责。当其他想法出现时,在这些新方向上继续你的宽恕。

然后,无论你在冥想的第一部分花费了多长时间,你都可以开始宽恕那些伤害过你的人,并在心里念道:"如果有人伤害了我,无论是有意还是无意的,我原谅他们。"

接下来，回想过去的痛苦经历可能会引发情绪。当这些感觉、图像和记忆浮出水面时，你可以只是简单地陈述"我原谅你"。

最后，将注意力转向宽恕自己。我们大多数人都经历过自责，比如在工作中，在人际关系中，或仅仅因为我们习惯性地使自己处于完美主义的循环中。但请你放轻松，每个人都不是完美的，不要责怪自己。

心理小贴士

处理负面情绪的技术：保险箱技术

保险箱技术是一种运用想象法来处理负面情绪的技术。在练习中，我们将负面情绪锁进一个保险箱，而钥匙由自己掌管，并且由自己决定是否以及何时打开保险箱的门，来重新触及那些带来负面情绪的压力以及相关的事件。保险箱技术的过程就是有意识地对心理创伤进行排挤，把心理上的创伤性材料实体化并"打包封存"。对负面情绪进行准确梳理可以帮助我们逐渐面对和处理那些平时我们难以发现的负面情绪。保险箱技术可以帮助我们有效隔离负面情绪，在比较短的时间内，从压抑的念头中解放出来，实现正常心理功能的恢复。

36 为什么总感到焦虑？

案例导入

年近50岁的戒毒人员L，曾有8年吸毒史。在被送往强制隔离戒毒所戒毒期间，L的戒治情绪基本稳定，他能服从管理，也未有违纪违规行为。临近出所，L出现焦虑情绪，对今后的打算和未来生活比较迷茫，担心再接触毒圈而复吸。L希望不复吸，却心瘾难除，认为吸毒能让人专注和有成就感，内心矛盾，不知怎么改变。

心理解读

强制隔离戒毒是我国目前最主要的戒毒方式之一。强制隔离戒毒的环境较为特殊：在物理环境方面，戒毒人员面对的是统一、严肃且没有个人喜好的设施与建筑物；在社会环境方面，戒毒人员受到较强的人身自由限制，面临着行为受到限制、社交不足等问题；在社交方面，大家的生活是较为单调的，因此大家沟通交流的话题也就比较单调，进而导致了他们的表达欲望减少。因此，面对天天都一样的生活以及不愿宣泄的情感，大部分人都会感到焦虑。并且，戒毒人员在戒毒所里不能使用手机等电子设备，了解外部世界讯息的渠道受限。与此同时，他们与所外人员的交流也大幅度减少，只能每周在批准后在指定的时间、地点与亲属交流。长时间见不到家人，不了解他们的情况，尤其是很多家里有年迈老人和年幼孩子的戒毒人员都有担心、焦虑的情绪。总之，社会联络的减少、与家庭成员之间的情感联系减弱，会进一步提高戒毒人员的焦虑水平。

焦虑是一种普遍的感受，是每个人自我保护的能力之一。人们天生就有一种焦虑感，但是如果焦虑过度严重，就可能给人带来不良的后果。焦虑的产生主要不是因为外界具体的事物或情境，而是源自想象中的危险，这种危险并不在眼前，而且发生的可能性很小。人们会为未来而担忧，为即将面临的某种不确定性而焦虑，也可能会因为面对挑战时发生的某件不好的事情而感到焦虑。

焦虑会影响人的生理、行为和心理并同时出现相应的反应。在生理方面，焦虑会让人产生心跳加快、肌肉紧张、恶心反胃、口干舌燥和冒汗等身体反应。在行为方面，焦虑会限制人的活动能力、表达能力以及处理某些日常事务的能力。在心理方面，焦虑让人产生恐惧不安的主观感受。在严重的情况下，焦虑会让人感觉脱离了自己的身体，甚至陷入发疯或死亡的恐惧中。

应对之道

自我效能理论认为，个体情绪调节能力与情绪调节自我效能感相关，情绪调节自我效能感高的个体更容易成功地进行情绪调节，更倾向于使用自己的情绪调节能力来应对消极情绪，能够采取一些有效的策略和积极的应对方式，如重新评价。研究表明，情绪调节功能的增强对许多临床障碍，比如广泛性焦虑、药物滥用、创伤后应激障碍、有意的自我伤害、有意的攻击行为等起着很重要的影响。持续萎靡的情绪调节自我效能感会导致负面情绪持续增加。在负面情绪的摆布下，有的戒毒人员会采取消极的应对方式——复吸。面对焦虑情绪，我们可以从学会如何减少生理反应、消除回避行为、改变让人持续忧虑不安的自我对话三个方面来进行处理。

引导式内观。这是一种故意使用心理意象改变行为方式、感知方式和生理状态的方法。该方法主要是让我们在自己的头脑里想象各种能让自己放松的情景，像放映电影一样想象出场景的细节，这可以大大减轻焦虑、紧张等症状。

首先我们要找到一个安静的地方，坐下来，闭上眼睛慢慢开始想象："你走在一条长长的木栈道上，栈道的尽头是美丽宽阔的海滩。栈道上几乎空无一人，一直向视野可及的远处延伸。沙滩上的沙子又细又软……看起来几乎是白色的。

你赤脚走上沙滩，脚趾缝儿间的细沙轻轻摩挲。漫步于美丽的海滩，这感觉实在太美妙了。海浪拍打沙滩的声音让你感到心情平静，好像可以忘记脑海中的一切。你看着潮涌潮退……潮水慢慢涌来，一浪盖过一浪……然后慢慢退去。大海是美丽的蓝色……看着这片蓝色就让人感到放松。你望向远处的海面，视线触及最远处的海平线，感觉海平线沿着地球表面的弧度微微向下弯曲。在细细观察海面的时候，你看见距离海岸不远处有一艘小小的帆船轻轻划过海面。眼前这些景象让你释放自己，越来越放松。继续走在海滩上，你清晰地感受着海边带着咸味的清新空气。你深深吸了一口气……呼气……感到神清气爽，更加放松了。头顶两只海鸥飞过……它们在风雨中翱翔的姿势是那么优美……你想象着仿佛自己也可以自由飞翔。你沿着海滩漫步，感觉自己已经进入尝试放松的状态。你感觉到微风轻拂面颊，和煦的阳光照在脖子和肩膀上。温暖清澈的日光让你感觉更加放松……走在美丽的海滩上，你感觉分外满足。多么美好的一天啊！很快，你看见前面有一张看起来非常舒适的沙滩椅。你慢慢走向沙滩椅……走到椅子旁边，舒服地躺了下去。躺在舒服的沙滩椅上，你感觉越来越放松。片刻之后，你闭上双眼，倾听着海浪拍打海岸的声音，一波波海浪涌来又退去。海浪有节奏地拍打海滩的声音让你变得平和。"

请从1数到5，数到5时慢慢睁开眼睛："1……开始慢慢恢复到清醒状态，2……越来越清醒的状态，3……到清醒状态时活动四肢，4……几乎完全清醒，5……睁开眼睛，感觉自己完全清醒、精神焕发。"

内观完毕后，在四周走动一下，20分钟后，待状态好了再进行要做的事情或活动。

转变思维方式。焦虑的人特别容易陷入恐惧的自我对话，不假思索地反复对自己说一些"如果……该怎么办"之类的话，从而导致焦虑。因此，要想有真正的改变，就要开始抵制消极思想，用积极的、自我鼓励的表达取代消极的想法。比如"这些都是我想出来的，它不是真的""这只是吓唬人的说法""我可以处理这个问题"等。

请按照"识别扭曲思维—质疑扭曲观点的正确性—用符合现实的办法取代扭曲的观点"三步进行思考。如扭曲思维：我出去后再也找不到工作了，无依无靠。质疑扭曲观点的正确性：假如我找不到工作了，我真的会无家可归吗？我真的没有可以能开口求助的家人或朋友吗？用符合现实的想法取代扭曲的观点：我即使找不到工作，也有办法应付；我很勤奋，也能吃苦，什么活都能干；万一没有工作，还有政府的帮助，我可以领取一段时间的失业救济金；没有工作确实很难，但也不是不可以克服的困难。

推拿疗法。推拿戒毒在我国也久有渊源，黄汉如就独树一帜地提出了推拿戒毒的治疗思想。运用推拿手法来激活人体天然排毒系统运转以祛除毒瘾的方法在现代也得到了证实。

传统推拿手法能对中枢神经系统和大脑边缘系统起到调节作用。研究发现，按摩能有效改善抑郁、焦虑及失眠等戒断症状。以头、面部为主的推拿，通过各种按、推、揉等手法，刺激可经过最短路径传入神经中枢，然而经由交感神经调节作用影响内脏功能，从而有效缓解心烦气躁、胸胁胀痛、失眠等症状。

冥想训练。研究发现，冥想训练对个体情绪、认知和大脑功能方面都具有较为积极的影响，它不仅能增加个体的主观幸福感，还能有效缓解个体的焦虑情绪，对药物滥用也有积极的疗效。吸毒人员在压力较大、失眠情况下，可以尝试进行各种冥想训练，能有效缓解焦虑情绪。（详细内容可参见本书认知篇）

心理小贴士

音乐疗法又称音乐治疗，是利用乐音、节奏对有生理疾病或心理疾病的患者进行治疗的一种方法。音乐疗法属心理治疗方法之一，是利用音乐促进健康、消除身心障碍的辅助手段。根据身心障碍的具体情况，人们可以适当选择欣赏音乐、独唱、合唱、器乐演奏、作曲、舞蹈、音乐比赛等形式。通过音乐这一媒介，人们可以改善心理状态、抒发感情、促进情绪的流露和情感的相互交流：①静静地一个人听舒缓的纯音乐，联想回忆起自己身边有哪些变化，尤其是吸毒对家人、朋友，以及对自己的伤害；②听一些甜美欢快的音乐，鼓励自己积极行动，彻底忏悔，向家人道歉，主动承认自己的错误，改善家庭关系，积极制订个人改变计划，树立正确的生活目标；③播放坚定有力的音乐，制作个人性格、情绪、爱好清单，鼓励自己继续保持正面、积极、阳光、正能量的因子，逐个去除反面、消极、阴暗、负能量的因子。

37 为什么总感到不安和恐慌？

案例导入

某男性戒毒人员C，高中毕业后即走向社会，一直在外务工，务工期间开始吸食毒品。近二十年间，C有过长时间戒断毒瘾的经历。

2021年春节之前，C和家里通话得知不久前舅舅因急症过世，从那时起C开始变得胡思乱想。C会不由自主地担忧自己的身体健康，想到死亡就会感到绝望。当听到死亡相关话题时，他会主动回避。当远离了死亡相关话题后，他感觉又变得正常了。C一想到死亡就会感到无助、绝望、担心、紧张，很害怕这种对生命的失控感，害怕自己不在这个世界上，没法和他人沟通，不能做任何事。他害怕时间流逝，害怕变老，害怕离死亡越来越近，总担心短暂的人生会错过什么。这些与死亡相关的想法时常在C的脑海里浮现，对他的睡眠、食欲、工作、学习造成了一定的影响，并为此总感到不安和恐慌。

心理解读

从上面的案例中我们可以看到，C对自己的身体情况感到非常的不安、害怕、恐慌自己会死亡，并且不受控制地想象自己死亡的时间、方式。在心理学上，这种现象属于死亡焦虑。死亡焦虑是普遍存在的，是自我面对死亡时的一种主观且痛苦的状态。

死亡焦虑既包括个体对自身灭亡的不安和对死亡过程的担心，也包括对重要他人的死亡或濒死的恐惧。个体对自身死亡的焦虑是一种对未知的焦虑，对自我即将毁灭而不复存在的恐惧，以及因害怕忍受病痛的折磨而产生的恐惧。个人对他人死亡的焦虑则是对失去与自己有情感联系的他人而产生的恐惧，以及在失去他人以后而产生的一种孤独感。

死亡焦虑的影响因素可从生理、心理、文化和社会因素四个方面考虑。生理因素涉及年龄、性别、健康状况等，人们的焦虑水平会随着年龄的增加而递增。但研究发现，这种增加并不是直线的，不同的年龄段和不同的性别会存在差别。多数研究表明，女性死亡焦虑水平高于男性。身体状况也会影响死亡焦虑的水平。有研究表明，身体状况欠佳，死亡焦虑水平更高。

心理因素涉及人格、信念、自尊、自我效能感、结构需求和控制点等。在人格方面，有研究表明，死亡焦虑和神经质、A型行为模式有显著的相关，死亡焦虑越高，个体就越可能表现出更强烈的情绪性和更多的攻击性。在信念方面，疾病使个体产生了对现实的非合理信念，唤醒了个体的死亡意识，因此导致了死亡焦虑。但并非只有那些患有疾病的个体才会产生非合理信念，有时健康的个体同样会有非合理信念。

此外，文化因素涉及文化背景、宗教信仰。社会因素涉及社会职业、社会支持和家庭环境。

应对之道

消除死亡焦虑需要我们从积极的角度去面对死亡，可以从理性思考、培养兴趣爱好、建立良好的人际关系、接受心理治疗等多个方面入手。只有我们积极面对死亡，珍惜生命，才能消除死亡焦虑，过上更加美好的生活。

正视死亡。死亡是人类无法改变的现实，我们必须正视它。如果一直逃避，这会导致焦虑情绪持续存在。因此，我们需要以积极的态度面对死亡，认识到死亡是人生的一部分。同时，我们也应该认识到，正因为有如此特殊的经历，我们更应该对死亡怀有敬畏之心，更加珍惜生命，更加努力地生活。

理性思考。我们需要从理性的角度去思考死亡。死亡并不是一件可怕的事情，它只是一个生命的结束。我们应该关注生命的过程，而不是它的终点。我们可以从生命的角度去思考死亡，看到生命的美好，体会生命带来的价值和意义。

培养兴趣爱好。培养兴趣爱好是消除死亡焦虑的一个有效方法。我们如果拥有热爱的事情，就会忘记死亡。陶醉于自己的兴趣爱好中，可以减轻我们对死亡的恐惧。就算我们现在在戒毒所里面，仍然可以培养我们的个人兴趣。同时，兴趣爱好可以让我们更加热爱生活，更加珍惜生命，更有利于帮助我们脱离毒品。

建立良好的人际关系。人际关系对于消除死亡焦虑也是非常重要的。在戒毒期间，我们也需要建立良好的人际关系，比如与自己的戒毒伙伴分享生活中的点滴，倾诉自己的心声，这样可以减轻我们心理上的负担。同时，良好的人际关系可以给我们带来更多的欢乐，让我们更加珍惜生命。

积极接受心理治疗。如果死亡焦虑非常严重，我们就需要接受心理治疗。在戒毒所内，我们也可以通过心理咨询师的帮助，理解自己的焦虑情绪，找到治疗的方法。心理治疗可以让我们更加了解自己的内心世界，提高自我认识水平和情绪管理能力。

心理小贴士

死亡是一个沉重的话题，常常会在不经意间引发我们内心深处的焦虑。然而，我们应当学会消除这种焦虑，以更加坦然和积极的态度面对生活。我们需要明白，死亡是生命的必然归宿，是每个人都无法逃避的终点。正因为生命有限，才使得每一刻都无比珍贵。与其沉浸在对死亡的恐惧中，不如珍惜当下，用心去感受生活中的点滴美好。同时，保持对生命的敬畏和对未知的好奇，相信死亡并非终结，而是另一种形式的开始。以平和的心态接受死亡的存在，我们才能够更加从容地度过每一天，不再被焦虑所困扰，真正地享受生命的过程。

吸毒后变得越来越沉默与孤僻怎么办？

案例导入

Y的父母忙于工作，只关心Y的学习成绩，很少有时间陪伴Y。之后，Y因交友不慎，不幸染上毒品，进而上瘾，后被强制隔离戒毒两年。Y的妻子得知其吸毒且不知悔改，毅然与其离婚。戒毒期间，Y情绪低落，不爱与人交流，常常一个人坐着发呆，反应迟钝，存在一些不稳定情绪。为此，他的生活受到了严重的影响。

心理解读

孤僻即我们常说的"不合群"，是指不能与人保持正常关系、经常离群索居的心理状态。孤僻心理是指由于社会条件、自然环境限制或个性等因素，形成的一种封闭心理。它具体表现为乐于独处，不愿意与他人交往，或在人际交往中沉默寡言。人际交往中孤僻心理的产生，有着复杂的主客观原因。

家庭方面的原因。一些吸毒、戒毒人员之所以走上吸食毒品的违法道路，往往与其原生家庭及自己的核心小家庭有一些矛盾，比如与父母存在代沟，与配偶间缺乏交流，或者是自幼缺少父母关爱等。

案例中的Y幼年时期，父母忙于工作，忽视了对Y的教育和关爱，总要求孩子学习上进却不陪伴和理解孩子，导致其产生抵触与反抗心理。如果一个小孩的父母对人、对事缺乏同情心，态度冷漠的话，那么这个家庭中的孩子，也会在潜移默化中形成对待事物冷漠的态度。

就其自身的核心家庭而言，Y的妻子在发现他吸毒且不知悔改之后义无反顾地离开了。家庭的破灭对Y来说更是一种打击，不仅加重了他的精神压力，还增加了其复吸倾向。家庭对于大部人来说，是安全基地和避风港。有了家庭，人也就有了回归之处，能够更加义无反顾地向前进；有了家庭，也就有了动力的源泉，在前进的路途中不会孤独。家庭是一个人的精神支柱，家庭的破灭使得Y的情感、爱已经没有了支撑，在这种情况下，Y更进一步走向毒品的深渊。这种影响对于Y来说是毁灭性的，从而在戒毒期间出现沉默、孤僻且不愿与人交往的现象。

毒品会改变人的大脑奖赏系统。一般来说，毒品进入人体后，会不停地刺激大脑奖赏系统，然后分泌大量的快乐因子——多巴胺，让吸食者产生极度的愉悦感。这种强烈的刺激会让人觉得很爽，但大脑会认为这种长期的刺激会影响健康，于是会出现相反的应对机制，降低这种过度的愉悦刺激，也就是大脑想方设法减少多巴胺的分泌。这种应对机制让吸毒者在享受完毒品带来的欣快感之后，就迅速进入精神难受或生理痛苦的状态，所以很快就会对毒品再次产生渴望。而吸毒者通常会用更大的剂量和最直接刺激的吸食方式来抵抗这种应对机制。但是，剂量提升的同时，人体产生的应对机制相对应地也会提升，毒品把人的愉悦阈值无限拔高，应对机制带来的难受和痛苦也相应提高，总之就是吸毒剂量的提升会造成难受痛苦的程度也提升。所以当吸毒者停止吸食后，快乐因子——多巴胺不会像正常人一样回归正常，而是下降到正常值之下，从而导致戒毒期间出现消极抑郁情绪。

吸毒会使人的自尊心不断降低，变得消沉、抑郁。长期吸毒史使得Y沉湎于虚幻的自我体验而不能自拔，丧失了人际交往的兴趣，丧失了对生活的热爱，在精神上越来越堕落，逐渐成为毒品的奴隶，对现实产生了一种无助感，对未来茫然无措。同时，长期的吸毒使得Y不仅在生理上感到不适，在心理上也产生了无助感。此外，周围人的消极态度使得Y减弱了戒毒的决心和动机，自甘堕落，慢慢地就呈现出一种消极厌世的态度，也不会主动选择倾诉和求助。长此以往，Y就慢慢地消沉、抑郁。

无法正确评价和认识自己及他人。孤僻的吸毒者一般都不能正确地认识自己，大多自卑，总认为自己不如人，交往中害怕被别人讥讽、嘲笑、拒绝，从而把自己紧紧地包裹起来，保护着脆弱的自尊心。对于他们来说，一方面要正确认识孤僻的危害，敞开闭锁的心扉，追求人生的乐趣，摆脱孤僻的缠绕；另一方面要正确地认识别人和自己，努力寻找自己的长处。

应对之道

孤僻的性格一般是由于缺乏必要的社会交际能力和方法，在人际交往中遭到拒绝或打击而形成的，如耻笑、埋怨、训斥等。个体在其自主性受到伤害时，便会把自己封闭起来，但是越不与人接触，社会交往能力就越得不到锻炼，结果就越孤僻。那么，我们应该如何克服孤僻呢？

学习交往技巧，优化性格。可看一些有关交往的书，学习交往技巧。同时多参加正当、良好的交往活动，在活动中逐步培养自己开朗的性格。你可以先从结交一个性格开朗、志趣高雅的朋友开始，处处跟着他学，并请他多多帮助。这样，你在每一次交往中都会有所收获，丰富自身的知识经验，纠正认识上的偏差。获得友谊，身心愉悦，便会重树你在大家心目中的形象。长此以往，你就会喜欢交往，喜欢结群。

培养自信心。自信心是个体对自己的正确认识和把握。建议你尝试以下三种做法以提高自信心。

①重新审视自我。准备一张纸，对折后在纸的左面列出自己的优点和强项，在右面列出弱点和不足，尽量列得全面，然后再归类整理。最好是让自己的优点数量多于缺点数量。此时，你一定会发现自己原来有一些平时没有太留意过的长处。

②适时地进行自我激励。每天早上站在镜子前，对自己大声地说一句自我激励的话，比如"我会抓紧锻炼自我，走上成功之路"。当遇到困难或挫折时可以对自己说："只要全力以赴就不会愧对自己，有了这次的经验，下次我就会做得更好。"

③培养某方面的兴趣。在自己的优点、专长、兴趣中，找一样（比如炒菜、游泳、钓鱼等）来加以特别培养、发展，使之成为自己的专长。虽然还不是专

家，但在小圈子中，一提到某件事，大家都公认专家非你莫属，这样你的自信心自然就会提升。

应用心理着陆技术。心理着陆技术就是通过深呼吸来调整自主神经系统，通过视觉、听觉、触觉等感觉器官保持与外界的接触，并说出所看、所听、所触，进而把人的注意力从内在的思考转回到外部世界中。具体可参考"什么是心理危机？"中的详细做法。此外，还可以应用如下三种技术。

①精神着陆。先环顾四周，并试着详细描述周围的环境。例如：我手边有一本白色封皮的书，它的外观……它看上去很……打开书里面的内容……也可以进行心理游戏，比如想象以一字开头的成语有哪些或者成语接龙。或者去详细描述一项日常活动，例如打扫卫生的步骤。寻找一本喜欢的书籍，朗读里边自己最喜欢的一篇文章或一个段落。动用注意力，集中注意力去做某件事情。

②身体着陆。寻找让自己感到舒适的坐姿或者站姿，然后深吸一口气，去感受你的双脚与地面的触碰，感受你的身体与椅子的触碰；伸展手臂，动动手指、脚趾；触摸不同的物体，如笔、毛绒玩具等。随身携带一个能给你安全感的小物件，例如钥匙串或者一支笔等，放在口袋里，当你感到不安或者情绪不佳时可以抚摸、揉捏它。

③安抚着陆。想想让自己感到舒适的场景，与亲朋好友一起生活、其乐融融的场景；想想你思念的人，打开手机相册，看看他们的照片；想想你期待的事情，例如与家人一起散步或者在沙滩、海边、草地旅游的场景；等等。

心理小贴士

当一个人吸毒后变得沉默，我们首先要给予充分的理解和关爱。不要指责或批评，而是以温暖的态度陪伴在其身边。可以尝试与他们进行真诚的沟通，选择安静、舒适的环境，让他们感到安全。耐心倾听他们的心声，不打断、不评判，让他们有机会释放内心的压力和困惑。同时，鼓励他们寻求专业的帮助，如戒毒机构或心理咨询师。专业人士能够提供科学的治疗方案和心理疏导，帮助他们克服毒瘾带来的身心影响。家人和朋友也应保持积极的心态，给予他们希望和信心。一起参与有益的活动，如户外运动、艺术创作等，激发他们对生活的热爱，逐渐走出沉默的状态，重新拥抱美好的生活。

为什么会变得脾气暴躁？

案例导入

已过不惑之年的A，是家中独子，父母平时工作很忙，没时间管教儿子，A交友不慎，误入歧途走上了吸毒的道路。A已婚并育有一子，其妻子因忍无可忍，提出了离婚。吸毒后，A的父亲气急攻心，突发脑溢血死亡。A被公安机关依法送至强制隔离戒毒所以来，始终不肯服从强制隔离戒毒的判决，拒绝配合脱毒治疗及民警的管教，情绪暴躁。A自述自己的毒瘾非常深，现在心情烦躁，有摔东西的冲动，头脑里一直有乱七八糟的想法，想努力克制不去想但是做不到。

心理解读

脾气暴躁可能与某些化学物质有关。有研究表明，有一种叫作5-羟基吲哚乙酸的化学物质对阻断人的暴力行为起着关键作用，如果人体缺乏这种物质，暴力行为就容易产生。在脾气不好的人的脊髓液里，5-羟基吲哚乙酸的含量极低。对于长时间吸食毒品的人来说，由于毒品的侵蚀作用，其大脑中的5-羟基吲哚乙酸的分泌量会下降。在其不断吸食毒品过程中，个体可能无法察觉这种不正常分泌现象的存在，一旦不吸食毒品后，其大脑中5-羟基吲哚乙酸非正常的分泌量就会严重扰乱他的情绪和行为。案例中的A之所以在强戒期间出现"心情烦躁，有摔东西的冲动，头脑里一直有乱七八糟的想法，想努力克制不去想但是做不到"等行为，出现"一刻也不想待在戒毒所，只想出去"的想法，本质上是他想延续以往的行为模式，通过吸食毒品以弥补大脑中化学物质分泌不足带来的各种不愉悦的感受。A已经对毒品产生强烈的精神依赖。

A的生活压力大也是导致其暴躁的原因之一。长期吸食毒品使得A妻离子散，父亲也因此去世，生活中的突发变故加重了他的精神压力，他心中的郁闷得不到排解，就只能再次向毒品伸出双手。如此反复，A越来越离不开毒品。在强制隔离戒毒期间，接触不到毒品的A无处发泄，只能以不服从安排、暴躁发脾气来逃避。

性格外向且兼有神经质的人群可能更容易暴躁。每个人都有各自稳定独特的个性特征，不同性格的人在不同环境下有着不同表现，性格外向且兼有神经质的戒毒人群可能更容易产生暴躁易怒的情绪。这种个性倾向同遗传有一定的联系，有些暴躁的人的家庭里常有类似的家庭成员。这种人群受到挫折后往往想要发泄，因此稍受刺激便借机发泄。同时，被压抑的敌意也是脾气暴躁的原因之一。在戒毒所强制戒毒对于A来说是非自愿的一种禁锢，所以在此期间，他会产生反抗心理。

应对之道

心理暗示法。当我们觉得自己控制不住情绪的时候，不妨通过积极的心理暗示来让自己恢复冷静，我们可以在心中反复默念"冲动是魔鬼""莫生气，莫生气，气出病来没人替"。

12秒效应。一位情绪管理专家曾说过这样一句话："暴风雨般的愤怒，持续时间往往不超过12秒。"很多时候，我们情绪的爆发只是因为瞬间的冲动，如果能在这瞬间控制住自己，那也许很多冲突也就能够避免。在我们的愤怒爆发前，我们可以尝试着再给自己12秒的缓冲时间，在心里倒数"12，11，10，9，8，7，6，5，4，3，2，1"，然后问问自己："我需要那么生气吗？这对我有什么影响？"

书写愤怒法。当你因为某事而感到愤怒时，不妨通过书写将它记录下来，注意记录你的脑海中出现的词语或画面以及你因愤怒而出现的生理和心理反应。通过书写，学会区分自己的想法、认知和行为，从而学会控制自己愤怒的扳机。

纸袋法。当你感到愤怒时，用一个纸袋贴把自己的嘴和鼻子包住，尽力不要放跑气，然后向纸袋中规律地慢慢呼气、吸气，连续在纸袋中呼吸，直到感到恐慌被制服、呼吸困难为止。注意不要憋气太久，以防窒息。

饮食调整。脾气容易暴躁的戒毒者出所后，可以多食用大豆、牛奶、花生、海产品等含钙量多的食物，也可多食用瘦肉、坚果类和蛋类等含磷量多的食物。

心理小贴士

《黄帝内经》记载："怒伤肝，悲胜怒；风伤筋，燥胜风；酸伤筋，辛胜酸。"情绪不稳会导致人体的气血运行紊乱，脏腑功能失调，容易引起很多疾病。研究发现，人在非常愤怒的时候，交感神经的兴奋性会增强，心跳会明显加快，血压会急剧上升。所以，有冠心病、高血压的病人在发怒的时候，其病情会加重，甚至导致死亡。尤其是对女性来说，经常出现情绪波动大、情绪郁结的现象很容易引起月经不调，还会伴随乳房胀痛、小腹酸胀的现象；经常生气还会导致女性面部皮肤出现色斑，引起皱纹增多。所以，我们还是要控制好自己的情绪，避免情绪波动过大而伤身。

40 为什么总感到压力大？

案例导入

具有高学历的海归L，毕业后去了一家公司上班，六年前因为工作压力大和对新业务适应不良，最后吸食毒品。随着吸食时间的延长，L变得越来越依赖毒品，从一周一次到一周两次再到最后变成几乎每天都会吸食。吸食一年以后，L发现自己大脑运行速度变慢，情绪变得很难控制，跟家人、同事相处很容易激动。受制于毒瘾，L变得偏执易怒且没有自信，他尝试控制自己的情绪却失败了，明明有父母、妻子、女儿、朋友，却全然不顾。毒瘾变强以后，L变得很自私，只会在乎自己的感受，放弃了自己该承担的责任，经常无法控制自己的脾气，而且在这个过程中经常控制不住地去吸毒，然后又陷入深深的内疚和自责中。如此反复，L感觉整个人都在崩溃的边缘。

心理解读

药物滥用被认为是应对压力和不良情绪状态的不良机制。强有力的证据表明，压力是药物成瘾和成瘾复发的重要危险因素。压力应对理论认为压力是因，吸食毒品是果。另一项研究结果也发现，吸食毒品后人会产生较大的压力，并与复吸倾向呈显著正相关。压力越大，复吸倾向越高。案例中的L就因为工作压力大而吸食毒品。

吸食毒品后之所以有欣快感在于身体在短时间内释放出大量激素，包括内啡肽、催产素、催乳素等。这些激素的释放不是由大脑控制的，而是由于毒品刺激促使大脑被迫产生的。从本质上来说，毒品使人得到的快乐仅限于生理上的，这种生理上的欣快感是无法持久的。当吸毒者失去了毒品的刺激作用后，这种生理的欣快感也被制止了，并出现了戒断症状，备受以下的情绪折磨：①趋避冲突，一边想戒断一边又想着曾经吸食毒品后的欣快感的矛盾冲突；②对未来的忧心忡忡；③后悔自责的矛盾心理；④有少部分人内心委屈，认为自己就吸了这么一次，也有人认为吸食毒品并不会上瘾，却被送来强制隔离戒毒，心中满是委屈和抱怨。

应对之道

压力是自身心理受到威胁时产生的一种负面感受，同时也会让人产生一系列的生理变化。压力过大会导致心理问题通过生理的方式呈现出来，如情绪失控、注意力和控制力减退。

正确面对压力。 压力大时可能会引发身体上的一系列反应，如感到紧张，心跳加快、呼吸急促等，这些反应是压力失调的信号。一项研究发现，在社会压力测试开始前，参加测试的人试着将上述压力反应当成身体精力充沛的象征，表示已准备好迎接挑战：心跳加速是蓄势待发，呼吸急促是为了让大脑得到更多氧气。结果显示，这些参加压力测试的受试者忧虑紧张减少了，焦虑也少了，信心反而倒提升了。因此，当你正确面对和看待压力，并学会与压力共处时，身体会信任你的判断。

20分钟公园效应。 一项研究发现，在8周时间内不能服用任何药物，每周3次，每次至少10—20分钟的室外活动。之后采集他们的唾液并测量他们的压力皮质醇浓度。结果发现，这些定期进行户外活动的参与者，压力水平都有显著的降低。这说明每天只要抽出20分钟到大自然中散散步，就能降低压力水平。

关爱自己。 真正的爱自己是要看有没有做到以下四点：第一，爱惜自己的身体。照顾好自己的衣食起居，而不是为了省钱什么都委屈自己。第二，停止委屈自己、讨好别人。远离那些让你不舒服的人和事，不是随便一个人都能来浪费你的时间和精力。第三，活在当下。不要活在过去，过去的就让它过去。第四，接纳自己。允许自己犯错，我们需要的是反思而不是否定，人生是用来体验的。

心理小贴士

在我们感到对毒品心痒难耐的时候，不如花点时间读读禁毒类的图书。编者推荐《滇缅之列》这本书，该书的作者亲自深入云南滇缅边境采访。作品以厚重的禁毒历史与当前我国面临的严峻的禁毒形势为背景，书写了位于滇缅边境、禁毒一线的云南公安边防总队瑞丽江桥警犬基地官兵与警犬的生活和缉毒奉献。该作品再一次向世人警示，毒品是全球性的灾难，也是全人类共同的敌人，一旦涉毒，吸毒者在自我毁灭的同时，自己的家庭也变得支离破碎，威胁着社会的政治稳定和经济发展。

第六篇
回归社会篇

41 戒毒后找不到工作怎么办？

案例导入

Y自幼生活在一个普通的农村家庭，初中毕业后因缺乏家庭支持，Y放弃学业，早早进入社会务工。由于文化水平不高，法律意识淡薄，在朋友的引诱以及好奇心的驱使下，Y在初次尝试毒品后，深陷泥潭后难以自拔。2017年期满解除戒治后，Y与后续照管服务站签订"千人工程"培育协议书。在服务站协助下，Y成功地在当地一家超市实现就业。从此，Y的经济状况有所改善，生活状态逐渐规律，充满干劲。在经济状况稳定后，Y萌生了创业的想法。由于热爱美食，Y选择了开早餐店，在当地政府和企业的帮助下他运营的早餐店顺利开业并获得了巨大成功，他也开始了充实而忙碌的崭新生活。

心理解读

很多戒毒人员在强制隔离戒毒快要结束的时候总会想，从戒毒所出去后找不到工作怎么办？对此，戒毒者要树立正确的思想和对生活的信心，如果你自己都放弃了你自己，别人也不可能帮助到你。政府会提供一系列政策帮助你顺利找到工作。案例中的Y就是在相关工作人员的鼓励下，重燃对生活的信心，并寻找到了符合自己爱好的事业。

一项对解除戒治者进行的追踪调查显示，最终走向复吸之路的戒毒人员（包括疑似复吸）中绝大部分都处于无业状态。要帮助戒毒人员成功戒除毒瘾并融入社会，其中的一个重要前提就是让他们获得一份稳定的工作，从而彻底斩断复吸的魔咒。

从个人因素来看，戒毒人员通常具有受教育水平低、健康状况较差等特点，导致他们在求职路上不具有竞争力。在公众看来，只要一个人沾染了毒瘾，就可能会对他的工作能力有所影响，并且大家会远离和排斥他，不管这个人是否是真心悔改，都很难再获得大众公平的评价。这些歧视的眼光使戒毒人员重新融入社会、恢复正常生活的过程更加艰难。另外，就目前的情况，雇主在进行就业招聘的时候大多数要求应聘者出具过往无违法犯罪记录的证明，这对曾违法吸食毒品的个体来说直接被排斥在门外。而且薄弱的家庭支持又会进一步加剧他们的就业困难，他们很难获得来自家人和朋友的情感支持，家人和朋友的疏远使他们备受打击。就业对于戒毒人员来说不仅仅是得到一份经济上的保障，更是一种社会接纳，是实现自我价值和获得自尊的一种方式。因此解决戒毒人员再就业是戒毒人员、戒毒所乃至社会需要共同面对的问题。

部分戒毒人员存在就业难、工作稳定性差的问题，这其中既有客观方面的原因，也有主观方面的原因。客观原因包括社会公众和用工单位对戒毒康复人员存在不同程度的就业歧视；主观原因包括戒毒康复人员不正确的就业观，较低的文化程度和个人素质不能满足企业用工需求，缺乏充分就业的动力和信心，等等。

 应对之道

要从根本上解决自身吸食毒品的"心瘾"。本书前面的章节中提到了许多用以解决自身心理困扰的方法，足以帮助我们实现成功戒毒的愿望。我们要从内心深处改变毒品无法戒断的错误观念，勇于面对生活、面对未来，树立勇敢和坚定的生活信念，主动承担起家庭和社会责任，感受家庭温暖，进而逐步去改变别人对自己的看法，慢慢消除自卑和逃避心理，提升自己就业的核心竞争力。

改变"等、靠、懒"的不良就业观念。树立正确的就业择业观念是行动的先导，对部分戒毒人员来说，只有改变原来好吃懒做的消极思想，树立自力更生、

自强自立的积极思想，才能实现有业可就。

结合自己的特长参加政府相关部门提供的技能培训或创业培训，不断提升自己的综合素质，提升就业的竞争力。"授人以鱼不如授人以渔"，职业技能培育与文化素养提升可以有效助力我们获得工作。参与社会分工，加速社会融入，能够帮助我们从根本上减少复吸概率。珍惜、争取获得政府相关部门或社区提供的就业指导和帮扶，善于利用相应资源实现戒断后的初次就业。在初次就业中，我们要努力学习一项工作技能，在工作中提升自己的能力，帮助自己获得工友认同，树立回归社会的信心和热情。

及时关注新发布的求职信息，也可多寻求帮扶机构的建议与帮助。对现状的改善是恢复生活信心、维系生活稳定、保持戒毒成果的重要根基。

心理小贴士

在寻找工作前，我们可以运用SWOT分析法（S：优势，Strengths；W：劣势，Weaknesses；O：机会，Opportunities；T：威胁，Threats，也叫优劣势分析法），对自己进行分析，以对自己形成清晰的认知，为找到适合自己的工作提供决策依据。

以下是对某一戒毒人员进行的分析。

优势：身体状况良好、本地人、对环境熟悉、对毒品熟悉、对戒毒过程熟悉、有就业愿望、有努力的意愿。	劣势：有吸毒史、害怕面试、无学历、无技术。
机会：国家出台针对戒毒人员的帮扶政策。	威胁：经济大环境下行，就业竞争大。

戒毒人员针对自己的劣势，请求社区工作人员对其进行指导，并且让其他人假扮面试官以角色扮演的方式进行训练。戒毒人员很好地利用了自己的优势及机遇，最终成功应聘某戒毒机构的社会工作岗位。

我们在找工作时首先需要对自己有较为清晰的认知。其次，针对自己的薄弱又影响寻找工作之处进行强化训练。最后，对自己的选择坚持不懈地努力下去，不放弃，不去怀疑自己，定能寻找到适合自己的工作。

42 戒毒后还能和以往一样正常生活吗？

案例导入

戒毒人员N，曾在当地的一家企业工作，家庭和睦、生活幸福。在解除戒治之后，他想摆脱从前的不良圈子，恢复以往的生活。但事与愿违，N吸毒后家庭关系一直不太融洽，N的妻子因不能接受生活现状，与其离婚，N与父母、儿子同住，家人也对其失望、不信任。戒毒志愿者得知N的情况后，积极介入，通过志愿者帮扶工作，N树立了对生活的信心，逐渐走出了心理的困境。同时志愿者联系到N的儿子及其父母，告诉了他们N的近期转变，让N的家人感受到了其越来越积极的生活态度。N的生活像以前一样幸福了。

心理解读

为什么一次吸毒，终身戒毒？许多戒毒人员好像回不到当初平静的生活了。大部分吸毒者最初接触毒品都是因为好奇心，认为偶尔吸食毒品并不会导致上瘾，但这是错误的。你可能能够成功戒除生理上的毒瘾，但心理上的毒瘾如千万只蚂蚁在啃食你一样，你的灵魂会被毒品一点点侵蚀，如果缺乏信念感并且自我意志力薄弱，就很难实现真正的脱毒。戒毒人员即将回归社

153

会的阶段，基本上已经实现了生理和心理上的脱毒，大部分人在最初想的都是"我一定要重新再来，好好生活"，可是当真正步入社会的那一刻，却发现周围的人都疏远他，不接纳他，感觉已经回不到当初那个健康的生活圈了，甚至连最亲的亲人也经常数落他。这种疏离甚至冲突严重的家庭关系加剧了戒毒人员对毒品的精神寄托，这是压倒戒毒人员的最后一根稻草。在社会的普遍认知里，吸毒不仅仅是威胁财产与生命安全的违法行为，也是需要接受道德与伦理谴责的不耻行为。对于吸毒者来说，他们会被贴上类似于"瘾君子"等不良社会标签。这种标签可能会在其身上一直贴下去。为了求得归属感，戒毒人员慢慢开始认同这一标签，把自己归类为"瘾君子"这一行列，从而演变成为一个真正的"瘾君子"。

应对之道

一般来说，戒毒治疗主要分为三个阶段：脱毒阶段、恢复治疗阶段和回归社会阶段。其中回归社会阶段指的是回归社会后戒毒人员重新融入社会，并且能够在社会活动中重新找到属于自己的价值。

戒毒人员回归社会的准则概括为三个部分。

第一部分是家庭的接纳。戒毒人员回归社会能够得到家人的理解与关怀是非常重要的。戒毒人员感受到自己被家庭所接纳，能够更好地融入正常的生活。戒毒人员可以通过参加戒毒所举办的座谈会促进自己与家人的交流，从而体会到来自家庭的温暖。回归社会后，戒毒人员也可以在需要的时候寻求帮扶机构的帮助，加强自己和家庭的情感连接。

第二部分是社会层面的认可。戒毒人员如果能被社会大众认可与接受，将有利于他们重塑自己的朋友圈和生活圈。这不仅需要各种帮扶机构加强宣传，向大众普及对戒毒人员的正确认知，让社会大众从心理上接纳他们，给予他们充分的尊重和认可，更需要戒毒人员自身的坚持和努力。虽然转换他人的想法和观念是比较难的，但并不是不可实现的，当他人看到你持续坚持时，其观念也会慢慢地改变。

第三部分是参加社会组织的活动。戒毒人员要乐于助人，勇于参加社会活动。以下是一些具体的志愿服务项目。

（1）参加慈善帮扶、志愿服务等活动。戒毒人员可以在为社会奉献过程中得到大家认同，增强信心，找到自我价值。为了后续照管对象顺利融入社会，体现人生价值，社会各级组织、家庭要主动组织他们参加志愿者服务，让他们在志愿服务过程中得到自我提高、完善和发展，精神和心灵得到满足，重塑戒毒信心，回归正常的人生轨道。

（2）参加戒毒宣传工作。戒毒人员可以通过自己的宣传，帮助更多的人认识、了解毒品的危害，这样也能增强社会大众对他们的理解与包容。

（3）参加"慈善超市"活动。"慈善超市"是以志愿服务为基础，利用互联网打卡平台等机制，由照管对象申请志愿服务，按服务时长给予计分奖励的活动。戒毒人员通过计分在慈善超市享受对应物质奖励，感受自己的价值所在。

（4）参加同伴组织的活动。积极参与各项康复治疗以及同伴活动，主动用自己的戒毒经验帮助和带动其他戒毒人员，劝导他们坚定戒毒信念，坚持戒毒康复，提升自信心。

心理小贴士

　　心理暗示分为他人暗示和自我暗示。他人暗示是指他人以语言或非语言的方式向个体发出信息，个体无意识地接受了这种信息，从而做出一定的心理或行为反应。它是最常见的一种心理现象，我们在生活中无时无刻不在接收着外界的暗示。尤其是戒毒人员，对心理暗示抵抗力弱。因此，戒毒人员更容易被引诱上当受骗，走上复吸之路。他人暗示是他人发出的，我们比较难控制，但是自我暗示是自己给予自己的暗示。对于戒毒人员来说，在容易接收到消极的他人暗示的情况下，进行积极的自我暗示是非常必要的。自我暗示是指自己不断重复某种观点或信念，使自己慢慢接受暗示给自己的内容。

　　你可以在每天早晨起床之前与晚上上床之后，闭上双眼，活动嘴巴，音量以自己能听到为准。重复20遍想要告诉自己的积极信息，例如"每一天，我的生活的各个方面都会越来越好"。

43 戒毒后还能追上其他人的脚步吗？

案例导入

戒毒人员S因结交了一些品行不良的朋友，逐渐养成诸多恶习，直至吸食毒品，彻底堕落。初入戒毒所时S的态度非常抵触，不愿参加集体活动，排斥所内民警的教育管理，与其他戒毒人员经常发生矛盾。S有较为强烈的自我否定情绪，感觉未来一片灰暗，戒毒信心严重缺失。戒毒所的民警在劝诫和辅导时，发现了S对生产、经商感兴趣，有自己独特的想法。针对S这个特征，民警为她选择了档发技能培训项目。S是初次接触档发项目，但她的天赋也在这时显现了出来。在学习档发手织技术中，她总是快人一步，并常有巧妙快捷的新手法出现，让培训老师都为之惊叹。离所前，她在戒毒所与招工厂家合办的就业推介会中成功签下了就业协议，成为当地档发厂的一名合同工人。解除强制隔离戒毒后，她如约到厂里工作，并很快熟悉了档发的各个工序和管理环节。在工厂工作一年后，有丰富经商经验的父母建议S开办自己的档发厂。民警在回访中得知S创业的

想法，积极为其与当地有关部门联系，帮助她咨询创业政策。在父母和民警的帮助下，S的档发厂很快开办起来。

厂子开办不久，S发现，家乡有很多妇女在家照顾老人孩子没办法外出打工，她们生活拮据，渴望一份能够兼顾家庭的工作。S把她们吸纳进来，让她们既在家门口上班挣钱，又能照顾家庭。她的做法得到了村委的大力支持，许多留守妇女到厂里就业。S的档发厂不仅让她自己走上了致富的道路，还为家乡的发展做出了贡献。创业初见成效后，S在社交媒体上晒出自己创业的心得感受，并开了视频直播，吸引了众多粉丝，成了当地小有名气的企业家。她对民警说，她有勇气和信心拥抱未来，并保证一定会永远远离毒品。

心理解读

在案例中，S由于从小父母疏于管教，也没有受过生活的压力，形成好吃懒做的不良习惯。S初中辍学，学历较低，分辨善恶是非的能力弱，因此才染上毒瘾。后来戒毒所的民警综合S的家庭关系、成长环境等各方面因素，对其进行了解，放大S身上的优点，为其制定长远和科学的计划，这才使S找到了自己擅长的领域，一改往日好吃懒做的作风。

S的案例也给我们带来了诸多思考。我们可以看出，其实并没有谁落后谁一说，我们每个人都有自己的节奏，有的人少年得志，有的人中年发迹，也有的人大器晚成。成功有早晚，就像S后来讲述的那样："戒毒后的生活让我明白凡事只要开始做，用心地去做就一定可以成功。"

应对之道

完善自我，积极改变。大多数戒毒人员在戒毒所时都会产生强烈的自我否定情绪，认为自己的未来一片灰暗。当戒毒人员出现这种情绪的时候，民警可以通过谈话、心理疏导、情感关怀了解其背后的原因，并对症下药。家人也应当给予戒毒人员一定的理解和支持，让戒毒人员能够放下内心的戒备，从而为未来回归社会打下良好的基础，对回归社会充满信心。

挖掘优势，扬长避短。只有自己真正拥有一门技艺才能不断收获成熟的果实。案例中的S就是发现自己对经商感兴趣，最终走上了创业的道路。如果你不确定自己有什么优点的话，可以尝试尽量多的项目，如此便有更大可能找到自己真正感兴趣的东西。心理上有了寄托之后，更不容易将情感寄托在毒品上。

学以致用，知行合一。实践才是检验真理的唯一标准。大部分戒毒人员在回归社会初期都面临着经济基础薄弱、无力支撑基本生活需要的局面。这个时候就特别需要社会支持，良好的社会支持网络能够帮助戒毒人员解决生活中的各种问题，有利于其更好地融入社会。比如，有想法有意愿创业但资金不足的戒毒人员，可以寻求相关社工组织的帮助。社工组织工作人员会积极与当地银行沟通，说明情况，让其能够获得投入事业的第一桶金。如果是缺乏经验，社工组织工作人员将帮助戒毒人员共同探讨创业的对策，让他们可以闯出属于自己的一番事业，从而实现自己的社会价值，对未来生活充满信心。

如果能做到以上三点，戒毒人员过上同他人一样生活的概率将增加不少，有机会和吸毒生涯做一个彻底告别。只要开始行动了，任何时候都不算晚。任何时候吸毒是人生中一个很严重的错误，但是一个人一生中不犯错也是不可能的，成百上千个榜样都在激励我们可以过得更好，当我们足够有能力时，不仅自己能够重获新生，可能还能够帮助其他人获得人生的意义。

心理小贴士

大千世界，每个人的人生道路都不同。对于那些向着成功迈进的人来说，因机遇和经历的不同，成功实践也往往不同。勾践年少时就继承王位，刚继位不久就打败了强大的吴国，可谓是志得意满。然而，战败的吴国发奋雪耻，一场灭顶之灾随即就降临到了这位年轻的君王和他的国家头上。

阖闾受伤而死，其子夫差立志报仇。勾践听闻后主动进攻吴国。在夫椒，越兵与吴兵发生激战，越兵大败。勾践退兵至会稽，并用范蠡的计策，向吴国称臣乞和。

勾践在结束吴国的囚禁生活归国后，为了激励自己不忘报仇雪耻，睡觉时不铺褥子而铺上柴草，并在房间里挂了一个苦胆，每顿饭前都要尝尝。这就是卧薪尝胆典故的由来。十年生聚、十年教训。终于，勾践乘吴国争霸中原国内空虚加上国内天灾大败吴国。

随后，勾践又积极进取，与齐、晋诸侯会盟于徐。周元王使人赐勾践胙，命为伯。此后，越国称霸一时。

因此，暂时落后不等于永远落后。为什么说要读历史呢？因为历史往往有催人奋进的力量。上天从来不会给任何人安排一个纯粹完美的剧本，如果光论不幸，历史上不幸的人有很多。但其中有一些人始终在逆境中奋发前行、积极乐观，这构成了中华民族生生不息的源泉。

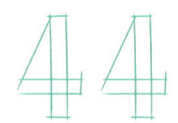
做很多事情都受限怎么办？

案例导入

S说："从踏出戒毒所大门的那一刻开始，我就感受到无处不在的异样眼光，感觉每个人都歧视我。回到家里，回到认识的人群里面，人们总是首先给我扣上'粉仔'的外号，感觉这个外号一辈子都要跟着我了。在戒毒所里，我和其他戒毒人员聊天，感觉很多像我这样的戒毒人员本来是打算彻底戒掉毒瘾，出来以后重新好好过日子的。但一回到社会，我却处处碰到白眼，有时经过千辛万苦找到一份工作，周围的人一旦知道我有过吸毒的经历，好像我马上就变成了瘟神似的，个个避而远之。感觉躲在戒毒所里，反而能得到大家的平等对待。据我了解，在戒毒所里的人有很大一部分是因为受不了社会上的偏见和歧视，而不愿意和别人打交道。比如，左邻右舍的人会在背后小声议论我，之前的朋友也都已经和我断绝了来往。和家人发生一些矛盾的时候，他们总提起我过去的事情，这让我非常生气、难过和无奈，我还是更愿意待在房间里不出门。之前听已解除戒

治的M说他在找工作时总是因为有吸毒记录而难以达到用工单位的用人标准，四处碰壁。我真是深深地感觉到了自卑和无助，自尊心和彻底戒除毒瘾回归社会的信心被摧毁了，最终又开始了复吸。"

心理解读

从案例中S的遭遇来看，一部分戒毒人员重新踏上复吸之路是因为社会对待戒毒人员的消极的刻板印象（片面的观念）、偏见（消极的观念和态度）和歧视行为，心理学上将这些行为统称为污名化。污名是一种标志或标签，表示被标记者具有不受大众欢迎的负面属性，从而损害被标记者的社会身份和个人价值。

根据社会认同理论，个体往往通过比较后认为自己所属群体优于其他群体从而获得自尊，但是消极的内群体刻板印象会使个体对自己的评价更加消极。这句话放在戒毒人员中可解释为，一个人往往通过比较后认为自己所在的群体比别的群体更好来获得自尊，而戒毒人员往往难以认为自己这个人群优于别的人群，因此更容易自卑。

在接收到大众的异样目光的时候，戒毒人员难免会有所察觉，自卑之感油然而生，甚至会产生逃避、不再与他人交集的想法和行为。戒毒者自己消极的内群体刻板印象会由公众对其群体的消极看法转化而来。"瘾君子"是公众对毒品成瘾者一种"污名化"称呼，一旦被贴上这样一个标签，吸毒者就要面对他人的负面反应。而无论其是否戒毒成功，这个标签都可能一直伴随，甚至这个人自己也会接受这个标签。

另外，戒毒人员自卑与个体的选择性注意有关。实际生活中，人的大脑会接收一系列感官刺激的输入，如视觉、听觉、触觉及本体感觉等，大脑需要在这些刺激中选择特定的刺激进行进一步加工，从而产生一些认知活动或相应的行为。由于个人在选择目标刺激物时，总是根据自己的行为目标或意图来分配注意，那些与自己关联性强的、敏感的信息会优先进入到自己的各种感觉器官。所以有的人只要听到与吸毒有关的说法、新闻等自然就觉得自己成了被优先关注的对象，事实上周围还有许多其他的信息也存在。

应对之道

那么，我们如何才能比较好地减少吸毒对自身生活带来的这类影响呢？

研究证明，个体间的接触、互动，能够有效减少相互之间的偏见，即使是间接接触（朋友的朋友）也能达到减少偏见的作用。这就要求我们做到以下几点。

克服毒品依赖，改写负面评价。如若我们呈现出来的行为现象和大众观念中的一致，那自然是会印证大众对于吸毒人员的想法，进一步加深大众对戒毒人员的消极看法。因此，一切的前提是我们能够拥有优秀的品质，并且在日常中展露出来，这样才能够通过接触、互动减少这一类偏见。

加强情感连接，重构支持系统。人的一生中会遇到很多人，但真正重要的、需要在乎的人寥寥无几，一般是父母、配偶、兄弟姐妹、孩子、少数朋友等。恰恰这些人都是我们可以接触到的人，只要做好自己，负起自己应尽的责任，这些亲密之人也定能对我们当初一时犯下的错误表示理解。

积极改变思维，提升个人认知。我们知道，井水的温度在一年四季里变化并不大，但是你在冬天去喝井水和在夏天去喝井水，感受是完全不一样的。夏天去喝井水的时候，你会觉得它很凉，冬天的时候你可能觉得它温度高，但其实井水的温度没有多大变化。这启示我们，一件事情本身怎样，其实就是它本身的样子，而我们怎样看待它决定了我们的生活态度。每一个人都会有自己思维的局限性，所以我们不能把自己的想法强加在别人身上。

学习相关知识，维护自身权益。在遵守法律基础上懂得维护自己的基本权益，国家规定戒毒人员在入学、就业、享受社会保障等方面不受歧视。有关部门、组织和人员会在入学、就业、享受社会保障等方面对戒毒人员给予必要的指导和帮助。在自身权利受到侵犯时，我们也要及时寻求相关人员、部门的帮助。

心理小贴士

身处逆境，应该怎样自强不息？

1. 自信是自强不息的核心

充分认识自己的长处，不断完善自己。信心是从一步步完成小的目标开始打造的，克服自己的短处，积累经验，才更有可能成功。

2.制定清晰的目标

目标的清晰度和可度量性非常重要。为了实现目标,我们需要制定计划或时间表,这样可以更好地了解自己的发展方向,同时控制自己的进度与时间。

3.学习与成长

持续学习,终身学习。

4.注重身体健康

健康的饮食和合理的运动是保持身体健康的关键。多吃水果,多补充身体所需的营养,多参加锻炼。

45 总感觉低人一等怎么办？

案例导入

戒毒人员L因吸食毒品被强制隔离戒毒两年。L自入所以来一直表现良好，经常主动与值班民警谈心。根据谈话内容，L有强烈的戒毒意愿，非常想念家人，尤其想念刚上小学的儿子。在临近解除强制隔离大概一个月的时候，L开始表现出焦虑。民警多次与L谈心，发现其问题主要集中在以下几个方面：一是担心解除强制隔离戒毒后的家庭关系，害怕与家人相处时难以回到强戒前的状态；二是担心难以适应社会生活，两年的强戒生活导致自身与社会脱节。但L心里的主要矛盾还是在人际关系的处理上，强制隔离戒毒让L感到羞耻、自卑，他认为再次融入家庭，再次找到工作，以及和他人相处是非常困难的事情。

心理解读

大多数戒毒人员可能都经历过这样一个阶段，认为自己未来的人生一片灰暗，自己低人一等，已经不能像个正常人一样生活了。这是低自尊的体现。

自尊是人格与社会心理学领域研究的经典核心概念，它是指个体在自我意象及价值的基础上对自身值得他人或社会尊重的程度或重要性给出的综合性评估，是自我意识的重要组成部分。影响自尊的主要因素可以分为家庭、个人、学校和社会四个方面。

1. 家庭因素

每个人在成长的过程中首先会从家庭获得对世界的感知和判断，家庭是自我人格发展最重要的场所之一。父母的教养方式、家庭的亲密度和家庭结构都在影响着个体的自尊水平。

教养方式。有研究发现，家庭中父母对子女接受程度越高，越有利于孩子高自尊的建立，而父母对子女过强的控制则有相反的作用。父母采用温暖、理解的教养方式有利于提升孩子的自尊水平，而过度干涉、过分保护的教养方式教导出的孩子会表现出相反的效果。

家庭亲密度。家庭亲密度对个体自尊具有重要的作用。实证研究表明，家庭亲密度与自尊存在显著相关关系。个体在家庭中遭遇的负面经历会使其对自我和周围环境产生消极认知，进而降低个体的自尊水平。

家庭结构。家庭结构指的是家庭中的基本人员构成。研究人员发现，核心家庭环境（父母与子女两代人生活）中孩子的自尊水平要明显高于生活在非核心家庭的孩子；独生子女的自尊水平也显著高于非独生子女。另外，单亲家庭成长的孩子自尊水平会普遍低于完整家庭的孩子。

2. 个人因素

个体本身的成长也会对其自尊产生非常重要的影响。

年龄。随着个体的不断成长，个体的人格、自我意识等都会随着年龄的增长而发生变化。很多研究都得出了相似的结果，小学阶段的孩子自尊水平是相对稳定的，而中学生的自尊水平会明显下降。

应对方式。应对方式是指个体在应对新的环境挑战和挫折时所使用的认知和行为方式，自尊水平高的个体会拥有更积极的应对方式、更好的社会适应能力。

3. 社会与文化因素

社会与文化是生活中的稳定存在的因素，在个体日常生活的过程中，社会环境和文化的影响必不可少。

社会支持。社会支持指的是个体社会生活中的外部支持，包括生活支持和情感支持。

社会比较。社会比较也是一种社会评价，自尊是在社会评价之中发展出的自我评价。研究人员认为，自卑的人比较容易让人产生自己不如别人的想法，导致自我价值感降低，进而降低个体自尊水平。

总之，纵使别人看轻自己，自己也不要看轻自己。我们要相信自己，坚信自己能够克服现在所面对的困难，迎接更好的明天。

应对之道

自尊水平的提高离不开自己的积极努力，以下有三个积极有效的方法。

进行运动。选择一项自己喜爱又能进行的体育运动，制定适合自己的健康促进目标和计划，在每天工作学习之余找到合适的时间进行运动。

发现自己的优点。低自尊的人很难看到自己的优点，这会使他们不自信，产生很多对自己的负面评价，导致其不能很好地完成生活和学习中的任务，这又会进一步引发低自尊的状态。每个人都有优点，我们却常忽视它们的存在。我们可以每天都坚持写出自己身上的优点，并记录在表格中。

改变和接纳负面认知。在很多时候，对个体自尊造成威胁的，并不是客观事实，而是看待这些事实的方式和角度。我们对一个事件的想法将决定这个事件对我们的影响。如果我们习惯于给自己更多负面的评价，这将会造成自尊的降低。可以在遇到问题时问问自己，自己的观点是否符合事实或逻辑，是否会有其他更加合理的解释。在对比过后，我们可能会找到新的方式看待当前的问题或处境。应该注意辨识那些曾让自己自尊受挫的环境或情境，辨识对待这些情境时不应有的思考方式，形成正性的陈述，驳斥负性的陈述，从而达到强化正性观点的目的。

心理小贴士

一项以吸毒人员为调查对象的研究探究了吸毒者的孤独感水平和自尊水平。

结果表明，吸毒者的自尊水平较正常人群明显偏低，而且差异显著。吸毒者染上毒品以后，在心理上可能会体验到一种无价值感或不安全感，导致他们对自我概念的评价降低。这种较低的自尊会影响吸毒者对环境的适应性，由于自卑不愿结交朋友，并且缺乏与人的情感沟通，他们的社会孤独感会加深，而孤独者又可能因为缺乏社会交流使得自我评价低下。所以通过提高吸毒者的自尊评价来增强其自我意识对于改善他们的人际关系、增强他们与他人的交流有一定的积极作用。

吸毒者成瘾行为和心理社会因素是相互影响的。对吸毒者进行生活技能训练可以提高他们处理问题和自我认识的能力，增强其自信。

46 如何面对身边人的一些负面言论？

案例导入

A因长期吸毒导致身体和精神状况严重下滑，在家人和朋友的劝说下，她决定进入戒毒所进行戒毒治疗。然而，在戒毒过程中，她遭遇了不少来自身边人的负面言论。在A戒毒初期，家人对她的表现充满了期待，但随着时间的推移，他们发现A的戒毒进程并不如预期般顺利。于是，家人开始

对A表现出失望和责备的情绪，认为她"不争气"和"辜负了大家的期望"，甚至与她断绝了关系。A的一些朋友在她戒治解除后也逐渐疏远了她，认为她已经"变了个人"，甚至有人在背后嘲笑她，认为她戒毒"只是做做样子，迟早会复吸"。

心理解读

很多戒毒人员之所以会经历身边人的一些负面言论，主要源自污名化。戒毒人员及其利益相关者都曾在不同程度上经历过或者感知到与成瘾相关的歧视。歧视是直接针对某个特殊群体成员的行为，是由偏见的认识和态度引起的，是直接指向偏见目标的那些社会否定性消极行为的表现。歧视的表现程度变换很大，从带有感情色彩的言语或表情到社会交往中的故意回避，再到暴力行为。

歧视的来源也有很多。在日常生活中，许多人接触到的或者通过大众媒介获得的关于吸毒者的不良形象，是污名与歧视的直接经验来源，因为人们对于吸毒人员的大多数看法来源于网络新闻报道。除了新闻媒体之外，歧视还可能来源于旁人，比如自己的亲友、同事等的观念。他们很容易将某个吸毒人员的特征也投影在其他的戒毒人员身上，形成一传十、十传百的效果。身边人的一些行为也会引起对吸毒人员的歧视，比如亲朋好友刻意地疏远和不接纳，亲友的不信任或有意无意的嘲笑，工作同事带有敌意的表情，等等。戒毒人员在社会生活中遇到的偏见、排斥和歧视的现象始终存在，这也成为他们戒毒康复后融入主流社会的一大障碍。

应对之道

正确看待评价，分离事实与情绪。当遭受来自周围人的负面评价时，几乎所有人都会不高兴，这是一种本能反应，但也有人不是直接基于本能做出反应，而是会克制自己的本能反应，想搞清楚原因，再作进一步反应，这是成熟的人。此时，我们要区分事实与情绪。如果评价是事实，我们就应回归事实，全面接受，并要做好知错就改的准备。如果评价是捕风捉影，空穴来风的，这种可能对自己的影响较大，但毕竟是毫无依据的无稽之谈，于是我们可以有两种回应，一是直接告诉对方停止无端的恶语中伤，否则他可能需要承担相应的法律风险；二是要强化"身正不怕影子斜"的自我认知。

运用自我证明策略。戒毒人员可以采用自我证明的策略来应对负面言论，戒毒人员应通过自己的努力和实际行动来证明自己并不是他人以为的那种人。其实，吸食毒品确实是污点，但也只是个点，不能以偏概全，否认自己的一切。有些戒毒人员在面对污点时，会选择用实际行动来证明自己，向他人证明，更是向自己证明，曾经的选择，错了就是错了，而以后的路还可以挽回。很多时候，行动远大于言语。

自我证明意味着勇敢地面对现实，并坚强地应对眼前的困难和挫折，这代表着一种成长，也是坚信自己、坚定内心的一种手段。在困难面前，有的戒毒人员会选择干脆在家里消沉甚至就此沉沦；但有一部分的戒毒人员选择了另谋出路，将自己身上所有的资源和优势利用好,创造出更美好的未来。外部环境可能确实会对一个人的生活产生较大的影响,但积极地应对才是最重要的。当克服挫折和困难后,自己往往能获得更大的成功、成长和突破。

自我证明就是一种可以切实改善不利处境的方法,即戒毒人员努力通过自身的行为改善去回应外界,让流言蜚语不攻自破。这种方法远比单纯教育公众、努力宣传更有效、有意义。戒毒人员要努力用自我证明这样的方式来改善社会环境里他人对自己的看法,因为这样更聚焦、更真实、更有说服力。

尽管这种改善可能只局限于这一位戒毒人员周边的环境,影响范围看似不太大,但其实对于一个人而言,能够使用自我证明的方式对周边小范围的人的观点进行改观,已经是能够很好地改善生活环境的办法了。

专注改善,反思中成长。"良药苦口利于病,忠言逆耳利于行。"负面评价在一定程度上也是一种警醒,是周围人还在意、关心我们,他们的评价可以不断激励我们谨言慎行,改进自己。将负面评价视为一个机会,不断审视自己的行为和表现,并思考自己应如何改善,制定可行的目标和行动计划,积极努力成为更好的自己。通过这种方式,我们能够从负面评价中获得积极的成长和发展。

心理小贴士

正向反馈可以满足自身心理需求,激发内在动机,大众往往偏好正向反馈,讨厌负向反馈。这是因为负向反馈会激活大脑中的杏仁核,引发不适感,同时负面的评价与反馈会导致个体对自己的能力和表现产生怀疑,影响自尊心和自信心。虽然负向反馈会带来不适感,但它也能激发个体的应对机制,不断寻找适合自身的应对模式,改善自己的表现,减少自身的差距。

参考文献

[1] 何巍，曾晓青，兰婷.疫情背景下戒毒民警心理服务体系的构建[J].犯罪与改造研究，2020（09）：48-51.

[2] 李佼洋，王儒芳，谭兵，等.敌意对四川省2家戒毒所强制戒毒人员抑郁症状的影响[J].医学与社会，2023，36（10）：126-131.

[3] 李杰.临床医学专业本科生情绪智力、自尊与主观幸福感的关系[J].首都医科大学学报，2020，41（03）：428-432.

[4] 李颜行，唐紫莹，吴萍.新型毒品的成瘾机制及其危害[J].中国医刊，2021，56（11）：1169-1173.

[5] 林崇德.发展心理学[M].杭州：浙江教育出版社，2002：401.

[6] 刘春梅.初中生自尊发展特点的研究[J].哈尔滨学院学报（教育），2002，23（04）：60-63.

[7] 刘金鹏.戒毒人员高复吸率问题研究[J].中国刑事法杂志，2003（05）：94-99.

[8] 刘冉.国内外自尊影响因素研究综述[J].学理论，2015（17）：51-52.

[9] 芦咏莉，董奇，邹泓.社会榜样、社会关系质量与青少年社会观念和社会行为关系的研究[J].心理发展与教育，1998（01）：1-6.

[10] 孙洪礼.家庭亲密度对大学生自尊的影响：生命意义的中介作用[J].中国健康心理学杂志，2022，30（04）：626-631.

[11] 孙岩，薄思雨，吕娇娇.认知重评和表达抑制情绪调节策略的脑网络分析：来自EEG和ERP的证据[J].心理学报，2020，52（01）：12-25.

[12] 胥红，周晨，高胤.强制隔离戒毒人员心理危机预警体系的初步构建与展

望——以浙江省拱宸强制隔离戒毒所为视角[J].河南司法警官职业学院学报，2021，19（02）：103-107.

[13] 曾晓青,练晨新,陈美荣,等.戒毒人员戒毒动机对复吸倾向的影响：有调节的中介作用[J].心理学探新，2019，39（01）：83-89.

[14] 曾晓青,林雅洁,李立望.戒毒人员心理危机问卷的编制[J].心理学探新，2023，43（04）：378-384.

[15] 曾晓青,张甜甜,兰婷,等.在押服刑人员心理弹性与应对方式的关系[J].宜春学院学报，2016，38（07）：31-34.

[16] 张荣伟,高俊.风险治理视域下应急心理干预体系建设[J].宁波大学学报（教育科学版），2023，45（03）：124-132.

[17] 曾晓青,何磊.内容和形式对毒品成瘾者条件推理的影响[J].心理学探新，2020，40（06）：524-530.

[18] 曾晓青,肖翔,董圣鸿.男性戒毒人员药物渴求对复吸倾向的影响：多重中介与调节作用[J].中国临床心理学杂志，2018，26（05）：947-951.

[19] 陈彦丽,赵梦雪,张晶轩,等.康复期强制戒毒人员心理健康状况调查分析[J].护理学杂志，2018，33（22）：76-78.

[20] 董开莎.戒毒人员的社会认同状况与心理健康的调查[J].中国药物依赖性杂志，2014，23（03）：224-227.

[21] 侯瑞鹤,俞国良.情绪调节理论：心理健康角度的考察[J].心理科学进展，2006，14（03）：375-381.

[22] 贾东明,郭崧.我国强制隔离戒毒人员SCL-90评分的meta分析[J].中国药物滥用防治杂志，2015，21（06）：319-324.

[23] 罗增让.儿童焦虑内容及其相关因素的调查研究[J].心理科学，1998，28（01）：88-90.

[24] 严万森,张冉冉,刘苏姣.冲动性对不同成瘾行为发展的调控及其神经机制[J].心理科学进展，2016，24（02）：159-172.

[25] 朱海燕,沈模卫,张锋.药物成瘾理论的新进展[J].应用心理学，2006，12（03）：264-271.

[26] 贾少微.精神活性物质依赖[M].北京：人民卫生出版社，2013.

[27] 曾晓青.成本—收益结构条件推理的心理学研究[D].江西师范大学，2013.

[28] 曾晓青,陈美荣,胡竹菁.条件推理的社会契约理论研究述评[J].心理学探新,2015,35(05):400-406.

[29] 曾晓青,陈美荣,黄仁辉,等.专家与新手在成本—收益结构条件推理上的差异比较[J].江西师范大学学报(哲学社会科学版),2015,48(02):108-120.

后记

当我们终于为这套"每天学点心理学"丛书画上句号时,心中感慨万千。

时间回到2021年11月19日,江西省平安建设领导小组办公室与江西师范大学共建的"江西省社会心理服务体系建设研究中心"正式揭牌。这是江西省社会心理服务工作的一件大事,中心的顺利揭牌令人欢欣鼓舞、倍感振奋。江西省委政法委对中心工作提出了发展方向,指出社会心理服务的工作要深入基层社区,走进居民群众,把心理服务这篇大文章写好、写精彩。由是,编写一套面向民众的心理科普知识手册列入工作日程。2022年4月,在完成前期调研的基础上,编写专家团队正式成立,开启了编写工作,这也是"每天学点心理学"丛书的缘起。

江西拥有着悠久的历史文化与深厚的人文情怀。进入新时代,江西在推进社会心理服务上取得了一系列成绩:积极探索了与经济社会发展相适应的社会心理服务体系建设模式,完成了赣州市作为全国社会心理服务体系建设试点工作,启动"966525"社会心理服务热线为群众提供心理疏导和心理危机干预等。江西省社会心理服务体系建设研究中心的成立,更是为开展社会心理服务理论和实践研究提供了一个重要的平台。目前,中心已成立两支专家队伍,在编撰出版心理科普读物、开展社会心理知识宣传、网格员心理培训与疏导、研究并构建特殊人群教育转化的干预策略、开展民事转刑事的矛盾化解规律研究、撰写决策咨询报告等方面进行了大量工作。

本手册即为"每天学点心理学"丛书之一，集中反映了戒毒人员在戒断过程中所面临的典型心理困惑，并提出了相应的应对策略，凝聚了所有作者的集体智慧。本手册是在曾晓青教授的带领下，组织路梦瑶、刘武、涂嵩、王梦烨等多位同志一起完成编撰工作，曾晓青负责全书的统稿工作。

在编写过程中，也借鉴了国内外诸多专家的文献，吸收了他们关于心理健康的真知灼见，在此一并致谢。同时感谢在编写过程中给予帮助的所有人。

参编人员也深知，纵然精心编写，疏漏在所难免。希望各位读者朋友在阅读过程中能够不吝赐教，提出宝贵的意见和建议，帮助我们不断完善和提高。

编者

2024年12月